URSULA CALIMERIS

Drum prüfe, wer sich ewig bindet!

Ratgeber und Wegweiser für Lebens– und Partnerschaftsfragen

novum ◢ pro

Dieses Buch ist auch als e-book erhältlich.

www.novumverlag.com

Bibliografische Information
der Deutschen Nationalbibliothek:

Die Deutsche Nationalbibliothek
verzeichnet diese Publikation in
der Deutschen Nationalbibliografie.
Detaillierte bibliografische Daten
sind im Internet über
http://www.d-nb.de abrufbar.

Gedruckt in der Europäischen Union
auf umweltfreundlichem, chlor- und
säurefrei gebleichtem Papier.

© 2023 novum Verlag

ISBN 978-3-99131-999-3
Lektorat: Susanne Schilp
Umschlagfotos: Ursula Calimeris,
Tartilastock I Dreamstime.com
Umschlaggestaltung, Layout & Satz:
novum Verlag
Innenabbildungen: Judith v. Medvey,
Ursula Calimeris, Axel Strenkzios

Die von der Autorin zur Verfügung
gestellten Abbildungen wurden in der
bestmöglichen Qualität gedruckt.

www.novumverlag.com

Climate neutral
Print product
ClimatePartner.com/16547-2201-1002

Ratgeber und Wegweiser für Lebens-
und Partnerschaftsfragen und
Geschlechtsbestimmung des Kindes

Mit zahlreichen Abbildungen und
Partnerschaftsanalysen von prominenten Paaren

Dieser Ratgeber ist für alle Menschen, die an
die Liebe glauben, und für die, die enttäuscht
wurden. Jede Frau und jeder Mann könnten in
der Partnerschaft Glück und Erfüllung finden,
wenn sie sich mit rhythmenverwandten Partnern
verbinden würden, denn für jeden Menschen gibt
es einen passenden Partner.

Gedanken machen groß, Gefühle reich.
Marcus Fabius Quintilianus

Wer davon gleichermaßen besitzt, sollte sie in Worte,
Lieder oder Bilder verewigen.
Ursula Calimeris

Inhaltsverzeichnis

Vorwort

Es ist mir schon lange ein Herzensbedürfnis, alle Menschen, die Partnerschaftsprobleme haben oder zu innerer Harmonie und echtem Glück finden möchten, mit diesem Ratgeber auf den Weg der Erkenntnis zu führen.

Schon recht früh in meinem Leben erkannte ich, dass nicht nur das Elternhaus einen prägenden Einfluss auf unser weiteres Leben ausübt, sowohl positiv wie auch negativ, sondern auch später der passende (rhythmenverwandte) oder unpassende (rhythmenfremde) Partner, der entweder beflügelnd oder lähmend auf alle unsere Aktivitäten und auf unser körperliches und seelisches Gleichgewicht sowie Wohlbefinden Einfluss hat. Darum ist es ein unschätzbares Glück, einem rhythmenverwandten Partner bzw. Partnerin zu begegnen, mit dem bzw. mit der man Freud und Leid teilen kann und sich Träume und Sehnsüchte erfüllen können.

Seit vielen Jahren beschäftige ich mich mit dem **Biorhythmus = Lebenszeitmaß** der Menschen. **Ihr Entdecker war der Berliner Arzt und Biologe Dr. Wilhelm Fließ (1858–1928)** Er war unter anderem mit dem Psychoanalytiker **Sigmund Freud (1856–1939)** befreundet. Es bestand zwischen ihnen ein reger Briefwechsel, in dem sie ihre Entdeckungen, Erkenntnisse und Erfahrungen austauschten.

Auf Grundlage der Biorhythmik erstelle ich Partnerschaftsanalysen und seit ca. 1995 aufgrund der Astrologie. Bisher habe ich über die Wissenschaft der Biorhythmik oder Chronobiologie in renommierten Zeitschriften Artikel veröffentlicht – auch mit Partnerschaftsanalysen von prominenten Paaren. Schon Jahre im Voraus habe ich das Scheitern vieler Partnerschaften vorausgesagt, wie z. B. bei Lady Diana und Prinz Charles, Lady Sarah und Prinz Andrew, Deborah Sasson und Peter Hofmann, Anja

Schüte und Roland Kaiser, Isabell Farell und Drafi Deutscher, Sybille Weimer und Franz Beckenbauer und vielen mehr.

Hinzu kam das Wissen über das **„Karma"** – unser selbst- geschaffenes Schicksal. Alle unsere Taten, gute und böse, sind bestimmend für die Reinkarnation, der Wiedergeburt der Seele. Was wir in früheren Inkarnationen gesät haben, das werden wir nun ernten. Ein Karma-Horoskop gibt Aufschluss, wer Sie in früheren Leben waren, wer Sie heute sind und welche karmische Mission Sie zu erfüllen haben, um glücklich zu werden. Außerdem beschäftigte ich mich mit der **Numerologie** und den **Charaktereigenschaften der Menschen durch ihre Blutgruppen**, mit denen einst meine Studien begannen.

„Der Mensch ist das Maß aller Dinge"

Schon Pythagoras (500 v. Chr.)

Ein griechischer Philosoph, Mathematiker, Astronom, Astrologe, Mystiker und Numerologist, erkannte, dass der Mensch die Natur und das Universum nur mit Hilfe von Zahlen und Formen erfassen kann. Um die Mysterien zu studieren reiste er nach Ägypten, in das Land mit seiner viel tausendjährigen Geschichte. Pythagoras hinterließ einen bedeutenden Einfluss auf Aristoteles und Plato, sowie die griechische und moderne Geisteswelt.

Philolaos, der bedeutendste Schüler **Pythagoras,** bestätigte alle seine Prinzipien und fasste seine Überzeugung in folgendem Postulat zusammen:

„Alle Dinge, welche erkannt werden können, haben Zahlen, denn es ist nicht möglich, dass ohne Zahl irgendetwas vorstellbar oder erkennbar sein kann."

Sowohl die *Biorhythmik* als auch die *Astrologie* und *Numerologie* bedürfen zuvor mathematischer Berechnungen, um eine Analyse und Interpretation oder eine Prognose zu ermöglichen.

Glück oder Leid in der Partnerschaft ist durch eine Bio-Astro-Analyse vorausberechenbar

Alle Geschehnisse, sowohl im Makro- wie im Mikrokosmos, erfolgen durch Strahlungen in einem ganz regelmäßigen Zeitmaß, einschließlich unserer Lebensrhythmen von Körper, Seele, Geist und Intuition, die kontinuierlich in Hoch- und Tiefphasen ablaufen. So wie alle Himmelskörper sich gegenseitig beeinflussen, gleichzeitig aussendend und empfangend, so sind auch wir Menschen in diesem Strahlungsnetz eingeflochten und sind Sender und Empfänger zugleich. Darum können sich zwei Menschen wie magisch zueinander hingezogen fühlen. Die Strahlungen, die sie aussenden, finden beim Partner Resonanz, weil beide auf gleiche „Wellenlänge" abgestimmt sind. Es sind sympathische Strahlen, die uns dann berühren, was gleichzusetzen ist mit Rhythmenverwandtschaft. Dagegen erfüllt uns oft Missbehagen und Antipathie bei unsympathischen Strahlen, was man mit Rhythmenfremdheit bezeichnen kann. Die Rhythmenverwandtschaft zwischen zwei Menschen ist ein Gradmesser der gegenseitigen Harmonie im Fühlen, Denken und Handeln. Das Niveau der Rhythmenverwandtschaft lässt sich prozentual aufgrund der Geburtsdaten errechnen und eröffnet interessante Perspektiven für alle Freundschafts- und Liebesbeziehungen – einschließlich der Ehe. Auch für sportliche Teams und Geschäftspartnerschaften ist eine Vergleichsanalyse sehr wichtig und hilfreich, um zukünftigen Erfolg zu gewährleisten.

Partnerschaftsanalysen von prominenten Paaren

J. W. von Goethe & Charlotte von Stein
Goethe & Christiane
Goethe und Friedrich Schiller
Goethe und Immanuel Kant

Wie sich schon die Rhythmenverwandtschaft bzw. Rhythmenfremdheit bei bekannten und großen Persönlichkeiten in der Vergangenheit ausgewirkt hat, zeigt sich z. B. bei unserem Dichterfürsten Johann Wolfgang von Goethe (1749–1832) und seiner großen Liebe Charlotte von Stein (1742–1827) – eine der interessantesten Damen des Weimarer Hofes. Das erste Bild, das Goethe bei seinem Freund, dem Physiognomen Johann Caspar Lavater, in Zürich von Charlotte von Stein sah, war eine Silhouette, der eine Personenschilderung von dem königlichen Leibarzt Johann Georg Zimmermann beigefügt war, der sie als südländische Schönheit beschrieb, mit großen schwarzen Augen von der höchsten Schönheit. Ihre Wangen sind sehr rot, ihr Haar ganz schwarz, ihre Haut italienisch wie ihre Augen. Zutreffend war auch, wie er sie charakterisierte.

Der Freund teilte Goethe mit, dass Frau von Stein, nachdem sie sein erstes Werk **„Die Leiden des jungen Werthers"** gelesen hat, sehr interessiert sei, ihn persönlich kennen zu lernen, was ihm eine schlaflose Nacht bereitete, denn ihr ebenmäßiges und sensibles Gesicht machte einen tiefen und unvergesslichen Eindruck auf ihn und entflammte sein junges Herz. Und so nahm er die Einladung des damaligen 18-jährigen Fürsten von Weimar, Carl-August, gerne an, um bei der Gelegenheit die unbekannte Dame persönlich kennen zu lernen, die ihm nicht mehr aus seinem Kopf und Herzen ging. **Am 7. November 1775 traf Goethe in Weimar ein.** Schon am nächsten Tag seiner Ankunft sah er Frau von Stein zum ersten Mal im Kreise ihrer Geschwister und Eltern. Drei Wochen später, **am 6. Dezember, besuchte Goethe seine Herzdame in ihrem Schloss auf dem Landsitz in Kochberg,** wo er sich in dem Schreibtisch verewigte, den sie ihm eigens zur Verfügung stellte. Für sie schrieb er im Laufe von zehn Jahren **wunderschöne lyrische Gedichte** und über **1700 Liebesbriefe,** worin er ihr unter anderem gestand: **„Meine Seele ist an Deine angewachsen",** was die schöne Seelenverwandtschaft der beiden Liebenden unterstreicht. **Sie harmonierten seelisch zu 86 Prozent, körperlich sogar zu 100 Prozent, intellektuell-geistig zu 76 Prozent und feinsinnig zu 68 Prozent. Sie waren somit sehr seelen-, wesens- und geistesverwandt.** Die beiden hätten eine glückliche und erfüllte Ehe führen können, wenn Charlotte von Stein nicht schon mit dem **herzoglichen Oberstallmeister Ernst Josias von Stein (1735–1793)** verheiratet gewesen wäre und drei Kinder gehabt hätte. Ihre Ehe soll nicht glücklich gewesen sein, was sich durch ihre **große Wesens- und Seelenfremdheit bestätigen lässt. Sie hatten in der körperlichen Übereinstimmung nur 22 Prozent und in der seelischen nur 7 Prozent. Nur die geistige und feinsinnige Übereinstimmung von 70 und 63 Prozent ließen eine Kommunikation zu, aber die Gefühle blieben unerfüllt. Auch die Verbindung zwischen Goethe und seiner späteren Frau Christiane Vulpius (1765–1816) kann aufgrund ihrer Rhythmenfremdheit nur eine sinnliche Zweckgemeinschaft gewesen sein, was durch ihre geringe Übereinstimmung im Körperlichen von 48 Prozent, im Seelischen von 14 Prozent, im Geistigen von 15 Prozent und im Feinsinnigen von nur 5 Prozent zu belegen ist.**

Die langjährige Freundschaft und die befruchtende Zusammenarbeit zwischen **Goethe und Friedrich Schiller (1759–1805)** zeigt die große Übereinstimmung ihrer Rhythmen. Es verband sie von der **körperlichen Substanz 100 Prozent, von der seelischen 86 Prozent, von der intellektuell-geistigen 82 Prozent und feinsinnig-intuitiven 89 Prozent.**

Dagegen waren sich **Goethe und Immanuel Kant (1724–1804)** zu Lebzeiten nie wohlgesinnt. Besonders kritisierte Kant öffentlich die lyrischen Werke von Goethe. Ihre gegenseitige Antipathie zeigt sich auch in ihrer großen Rhythmenfremdheit. Sie hatten **körperlich nur 13 Prozent, seelisch 36 Prozent, intellektuell-geistig 15 Prozent und feinsinnig 32 Prozent.**

Hier noch eine Kurz-Biographie von dem Liebespaar des Jahrtausends Johann Wolfgang von Goethe & Charlotte von Stein

Bevor Goethe in ihr Leben trat, hatte Charlotte schon sieben Kinder zur Welt gebracht, wovon nur drei überlebten. Dadurch war sie körperlich sehr geschwächt und anfällig für Krankheiten. Hinzu kam die belastende psychische Verfassung. Erst als sie Goethe kennen lernte, erwachte in ihr wieder neuer Lebensmut und neue Lebensfreude. Kein Mann zuvor hatte sie so sehr verehrt und geliebt wie Goethe. Wie groß muss ihre Enttäuschung und ihr Schmerz gewesen sein, als sie erfuhr, dass Goethe ohne Abschied und ohne Mitteilung am 3. September 1786 morgens um drei Uhr heimlich nach Italien abgereist war. Wie schön und erfüllt waren die Jahre zuvor mit ihm. Jeden Tag schrieb er ihr zärtliche Liebesbriefe und fragte nach ihrem Befinden. Der Liebesbote zwischen Goethe und Charlotte war zuerst der jüngste Sohn von Charlotte und später Goethes Sohn, die täglich den Liebenden abwechselnd ihre Liebesbriefe mit immer neuen Liebesbeteuerungen brachten. Bei schönem Wetter lud Goethe seine Herzdame zu einer Kutschfahrt im offenen Wagen ein, dabei sah er gern, wenn sie sich ganz in Weiß kleidete. Um möglichst viel Zeit mit ihr verbringen zu können, stand Goethe morgens schon um vier oder fünf Uhr auf, um die geschäftlichen Pflichten für das Fürstenhaus zu erfüllen und um dann an seinen Werken und Gedichtbänden weiterzuarbeiten.

Charlotte war oft eine große Inspiration für seine lyrischen Gedichte und Werke.

Auch Goethe glaubte damals schon an die Seelenwanderung, was er in dem Gedicht „An Charlotte von Stein" in einem Vers mitteilt, das er zu Anfang ihrer Bekanntschaft für sie geschrieben hatte. Der Vers enthielt folgende Zeilen: „Sag', was will das Schicksal uns bereiten? Sag', wie band es uns so rein genau? Ach, du warst in abgelebten Zeiten meine Schwester oder meine Frau. Kanntest jeden Zug in meinem Wesen, spähtest, wie die reinste Nerve klingt, konntest mich mit einem Blicke lesen, den so schwer ein sterblich Aug' durchdringt."

Einem Freund schrieb Goethe folgende Zeilen: „Ich kann mir die Bedeutsamkeit, die Macht, die diese Frau über mich hat, anders nicht erklären als durch die Seelenwanderung. – Ja, wir waren einst Mann und Weib! Nun wissen wir von uns – verhüllt in Geisterduft. Ich habe keine Namen für uns – die Vergangenheit – die Zukunft – das All!"

Goethe und Charlotte verbrachten jede freie Minute miteinander. Wenn sie nicht Verpflichtungen bei Hofe oder anderweitig hatten, dann las er ihr seine neuesten Werke vor, die sie für ihn abschrieb. Charlotte von Stein hatte auf Goethe einen nachhaltigeren Einfluss als alle anderen Frauen, denen er je begegnete. Leider kam es nach zehn Jahren durch seine Italienreise, die er ihr verschwiegen hatte, aus Furcht, dass Charlotte ihn davon abhalten könnte, zu einem Zerwürfnis. Durch ein Missverständnis mit einem Boten erhielt nicht Charlotte von Goethe seine Nachricht zuerst, sondern die Freunde und Charlotte erst einige Tage später, was sie noch unglücklicher und verzweifelter machte. Als Goethe dann im Mai 1788 zurückkam, war sie ihm gegenüber sehr kalt und unfreundlich. Wenn sie sich auch durch ein Missverständnis etwas auseinandergelebt hatten, so fanden sie doch wieder zusammen und blieben bis zu ihrem Tod freundschaftlich verbunden.

Johannes Brahms & Robert Schumann
Brahms & Clara Schumann-Wieck

Eine große Freundschaft verband einst Johannes Brahms (1833–1897), deutscher Komponist und Pianist, mit Robert Schumann (1810–1856), deutscher Komponist der Romantik und Musikschriftsteller, der Brahms förderte, indem er einen lobenden Artikel über ihn in seiner Musikzeitschrift veröffentlichte. Auch bei einem Musikverlag setzte er sich für ihn ein, der daraufhin einige Kompositionen von Brahms veröffentlichte. Viele Musikliebhaber der klassischen Musik interessierten sich plötzlich für seine Werke. Dadurch wurde Brahms fast über Nacht in ganz Deutschland berühmt.

Bei einem Besuch bei Schumann in Düsseldorf lernte Brahms auch seine Gattin Clara Schumann-Wieck (1819–1896), kennen. Sie war eine wunderschöne, dunkelhaarige Frau mit einem sanften und beseelten Gesichtsausdruck, die Brahms tief beeindruckte – wenn nicht verzauberte. Sie muss seinerzeit 34 Jahre gewesen sein und Brahms war gerade mal 20 Jahre.

Clara Schumann war in ganz Europa als Pianistin bekannt und berühmt. Außer den Kompositionen ihres Gatten spielte sie auch die Werke von Beethoven, Chopin und später auch von Brahms. Brahms verehrte die 14 Jahre ältere Clara sehr und wohnte einige Zeit bei den Schumanns, um sich künstlerisch durch Schumanns Hilfe weiterhin zu vervollkommnen.

Robert Schumann litt in dieser Zeit schon unter **Gehöraffektionen** – heute würde man sagen unter **Tinnitus,** der damals noch nicht bekannt war. Dadurch wurde Schumann manisch depressiv und wollte sich das Leben nehmen. Auf Grund dieses Vorfalls wurde Schumann in die Heil- und Pflegeanstalt in Bonn eingeliefert. In dieser Zeit vertiefte sich die Freundschaft zwischen Clara Schumann und Brahms. Er wohnte auch einige Zeit im selben Haus wie sie und kümmerte sich um sie und ihre sechs Kindern, die ihn wie einen großen Bruder liebten. Wenn Clara und Brahms getrennt waren, pflegten sie einen regen Briefwechsel, der sehr leidenschaftlich war, besonders von Seiten Brahms.

Die Begegnung zwischen Clara Schumann und Brahms war schicksalhaft, denn sie blieben zeitlebens seelisch verbunden und in Kontakt. Johannes Brahms hat nie geheiratet. Als Clara 1896 starb, folgte er ihr einige Monate später ins Reich der Schatten, so wie er es ihr zu Lebzeiten versprochen hatte.

Wenn man die schöne Rhythmenverwandtschaft zwischen Clara Schumann und Johannes Brahms sieht, so kann man verstehen, dass die beiden eine große und tiefe Zuneigung füreinander empfanden. Von der **männlich-körperlichen** Substanz ergänzten sie sich zwar nur durchschnittlich **zu 48 Prozent, aber von der weiblichen-seelischen Substanz bestand eine sehr große Rhythmenverwandtschaft von 93 Prozent. Somit waren sie sehr seelenverwandt** und sich gefühlsmäßig sehr ähnlich und zugetan. Ihre Seelen waren innig verbunden und wie sich gezeigt hat, auch unzertrennlich. Hinzu kam noch eine fast ebenso **große intellektuell-geistige Übereinstimmung von 88 Prozent. Auch im Feinsinnig-Intuitiven zeigt sich, dass sie sich zu 63 Prozent ergänzten.** Alle drei Rhythmen trugen dazu bei, dass sie sich künstlerisch gegenseitig inspirierten und beflügelten und darin größte Erfüllung fanden. **Hier haben sich zwei Künstler getroffen, die gleiches künstlerisches Empfinden hatten, das fruchtbar und bereichernd für beide gleichzeitig war.**

Mit ihrem Gatten ergänzte sich und harmonierte Clara Schumann bis auf den geistigen Rhythmus bestens. Sie hatten im Körperlichen 74 Prozent, im Seelischen 71 Prozent

und im Feinsinnigen 89 Prozent. Nur im Geistigen ergänzten sie sich gerade mal zu 9 Prozent. Da gingen ihre Meinungen und Ansichten oft auseinander. Zu Lebzeiten und vor der schweren Erkrankung Schumanns waren die beiden sich sicherlich in Liebe zugetan und glücklich miteinander.

Auch die Freundschaft zwischen Brahms und Schumann bestätigt sich durch ihre Rhythmenverwandtschaft: körperlich 74 Prozent, seelisch 79 Prozent, geistig 21 Prozent und feinsinnig 53 Prozent.

Kaiserin Soraya & Schah Reza Pahlewi

Eine große und unsterbliche Liebe verband auch die schöne Exkaiserin Soraya und den Schah Reza Pahlewi von Persien. Es war wie ein Märchen aus Tausendundeiner Nacht, als die 18-jährige Soraya am 12. Februar 1951 den 31-jährigen Herrscher auf dem Pfauenthron Schah Reza Pahlewwi II. heiratet. Doch wie groß muss ihr Schmerz gewesen sein, als sie sich nach siebenjähriger glücklicher Ehe wegen ihrer Kinderlosigkeit und um den Pfauenthron zu erhalten, scheiden lassen mussten. Noch kurz vor seinem Tode wünschte sich der Schah, seine einzige große Liebe noch einmal wiederzusehen. Doch die Erfüllung seines Wunsches blieb ihm leider versagt. Dass die beiden sich auf Anhieb geliebt haben müssen und bis zuletzt innig verbunden blieben, zeigt ihre wunderschöne Rhythmenverwandtschaft, die wie folgt aussah:

Sie harmonierten körperlich zu 100 Prozent. Dadurch waren sie sehr wesensverwandt und hatten gleiche Höhen und Tiefen. Ihre schöne Seelenverwandtschaft betrug 79 Prozent. Somit fanden ihre Träume und Sehnsüchte gegenseitig Erfüllung und Resonanz.

Es bestand zwischen ihnen auch eine starke erotische Anziehungskraft. Intellektuell-geistig ergänzten sie sich mit 82 Prozent, was eine zusätzliche Bereicherung für beide war, da sie viele Gemeinsamkeiten verband. Sie verstanden

sich auch ohne Worte. Es war Ironie des Schicksals, dass der Schah sich wegen des Erhalts des Pfauenthrons von Soraya trennen musste. Denn am Ende hatte er beides verloren – seine große Liebe und seinen Thron. Erst im Tod fanden sie wieder zueinander und sicherlich Glück und Frieden. Was das Leben getrennt hat, hat der Tod wieder vereint.

Schah Reza & Farah Diba

Mit **Farah Diba** bekam der Schah zwar den ersehnten **Thronfolger,** aber mehr als Sympathie und Dankbarkeit wird er für diese Frau nicht empfunden haben. **Es verband sie körperlich 57 Prozent, seelisch nur 14 Prozent, jedoch geistig 88 Prozent, wodurch gleiche Ansichten und Meinungen sowie ähnliche Interessen bestanden.**

Anmerkung:

Das rechtzeitige Wissen um das prozentuale Verhältnis in einer Partnerschaft ist von unschätzbarem Wert, da einem Leid und Enttäuschungen erspart bleiben oder Frustration und ein Fiasko in der Ehe und nicht zuletzt auch finanzieller Verlust oder sogar Ruin. Auch findet eine innige Liebesbeziehung nochmals Bestätigung durch eine hochprozentige übereinstimmende Analyse. Nur aus einer glücklichen und erfüllten Partnerschaft kann man Kraft schöpfen für die Anforderungen des Lebens und sie lässt uns alle Widrigkeiten leichter ertragen.

Ronald Reagan & Nancy

Das beste Beispiel war der **Expräsident der USA Ronald Reagan,** der im Jahre 1981 im begnadeten Alter von siebzig Jahren die große verantwortliche Aufgabe der Präsidentschaft übernahm.

An seiner Seite seine von ihm **innig geliebte Frau Nancy,** die ihm für sein schweres Amt eine unentbehrliche Hilfe und Stütze war. Nicht umsonst sagt man, dass hinter einem wirklich großen Mann eine ebenso kluge wie einfühlsame und liebende Frau steht.

In seinen Memoiren schreibt Ronald Reagan unter anderem:

„Es ist mir fast unmöglich auszudrücken, wie sehr ich Nancy liebe und wie sehr sie mein Leben erfüllt hat. Zu ihr heimzukommen, ist als ob man aus der Kälte in ein warmes, vom Kaminfeuer erleuchtetes Zimmer tritt. Sie fehlt mir schon, wenn sie aus dem Zimmer geht. Ich bete darum, dass ich keinen Tag erleben muss, an dem sie nicht da ist." Ihre große substantielle Rhythmenverwandtschaft vermag ihre starke und innige Liebe zu erklären und verständlich zu machen. Es verband sie **körperlich 83 Prozent und seelisch 79 Prozent.**

Ihre Herzen und Seelen schlugen fast im gleichen Takt. Nur im **Intellektuell-Geistigen** dürften sie oft unterschiedliche Meinungen gehabt haben, denn es verband sie gerade mal nur **27 Prozent** und im **Feinsinnigen-Intuitiven 42 Prozent.** Aber ihre große körperliche und seelische Übereinstimmung wirkte ausgleichend auf das Manko an geistiger Harmonie, da die Paare verständnisvoller und toleranter miteinander umgehen – zumal im reifen Alter – als rhythmenfremde Paare.

Michail Gorbatschow & Raisa

Alleine fühlt sich der Mensch oft unvollkommen, hilflos und schwach, doch mit einem gleichgesinnten, rhythmenverwandten Menschen an seiner Seite kann er Großes schaffen und erreichen – ein Weltreich regieren und zum Positiven verändern. **Das beste Beispiel war der größte und mutigste Politiker seiner Zeit, der erstmals den Eisernen Vorhang sprengte und der veranlasste, dass am 3. Oktober 1990 die Mauer fiel, die jahrzehntelang unser Volk voneinander trennte, und die Hand des Friedens und der Versöhnung uns und** anderen Völkern bot. Es ist der Ex-Kremlchef Michail Gorbatschow, der klein von Gestalt war, doch von Größe war sein friedvolles und humanes Denken und Handeln. Dafür erhielt er 1990 den Friedensnobelpreis.

Wie Ronald Reagan und seine Frau Nancy, so hatte auch Michail Gorbatschow in seiner Frau Raisa eine liebevolle und intelligente Frau gefunden, die die Liebe seines Lebens wurde und ihn sicherlich in seinem humanen Entschluss bestärkte. Die beiden lernten sich in Moskau auf der Universität kennen und lieben. Da sie gern tanzte, hat er ihr zuliebe das Tanzen erlernt. Es verband sie eine sehr große Seelen- und Feinsinnigkeitsverwandtschaft von 93 und 74 Prozent. Vor einigen Jahren verstarb seine geliebte Frau. Doch seine große Liebe überdauerte ihren Tod, denn er hat nicht wieder geheiratet.

Präsident Barack Obama & Michelle

Ein ebenso glückliches und harmonisches Paar sind auch der amerikanische und charismatische Ex-Präsident Barack Obama und seine Frau Michelle.

In der historischen Nacht des Triumphes nach seinem **Wahlsieg am 4. November 2008** ließ Barack Obama die ganze Welt mit seiner eindrucksvollen Rede an die Nation wieder hoffen, dabei vergaß er nicht, seiner geliebten Michelle mit folgenden Worten zu danken: **„Ich würde heute hier nicht stehen ohne die unablässige Unterstützung meiner besten Freundin in den vergangenen 16 Jahren. Sie ist der Fels unserer Familie, die Liebe meines Lebens, die nächste First Lady der Nation, Michelle Obama."**

Freunde sagen: **„Sie ist für ihn, was bei einem Kompass Norden ist."** Die kluge und einfühlsame Ehefrau an seiner Seite mit dem besten Jura-Abschluss gab dem mächtigsten Mann von einst Halt, Orientierung, Sicherheit und Geborgenheit. Ich bin davon überzeugt, dass Barack Obama alle seine Vorhaben,

Pläne und Entscheidungen zuvor mit seiner Michelle bespricht, denn er weiß, dass sie seine beste, klügste und aufrichtigste Ratgeberin ist, auf die er sich felsenfest verlassen kann.

Wenn man die wunderschöne Rhythmenverwandtschaft zwischen den beiden sieht, kann man ihre starke Zugehörigkeit und innige Verbundenheit verstehen. Denn es verbindet sie **von der körperlichen und seelischen Substanz 91 und 100 Prozent, vom Intellektuell-Geistigen 70 Prozent und vom Feinsinnigen 16 Prozent.** Durch die optimale Übereinstimmung ihrer wesentlichen Rhythmen muss es sogleich bei ihrer ersten Begegnung große Sympathie oder Liebe auf den ersten Blick gewesen sein, denn sie sind sehr wesens-, seelen- und geistesverwandt. Ihre Gedanken und Gefühle finden beim Partner die gewünschte Resonanz, weil sie auf gleiche „Wellenlänge" abgestimmt sind. Ihre Zweisamkeit dürfte für sie immer wieder ein beglückendes, erfülltes und bereicherndes Erlebnis sein. Durch die hundertprozentige Seelenverwandtschaft müssen sich ihre Seelen schon aus einem früheren Leben kennen und lieben und es war für sie bestimmt, sich in dieser Inkarnation wiederzubegegnen, um ihre Aufgabe, an der sie schon früher gearbeitet hatten, nun zu vollenden. **Gemeinsam haben sie in diesem Leben schon ein großes Ziel erreicht und gemeinsam können sie in der Zukunft durch ihr humanes Engagement zum Wohle aller Völker viel bewirken.**

John F. Kennedy & Jackie

Nach den glücklichen und rhythmenverwandten Präsidenten- und Politiker-Paaren, komme ich zum Vergleich zu zwei mehr oder weniger rhythmenfremden Paaren, wo die Präsidenten durch ihre Liebes- bzw. Sex-Affären ihr sauberes Image in der Öffentlichkeit eingebüßt haben und ihre Ehen fast gescheitert wären. Ein sehr schönes Paar waren **John F. Kennedy und seine liebenswerte und attraktive Frau Jacky.** Die beiden verbanden **körperlich 65 Prozent, seelisch 36 Prozent, geistig 27 Prozent und feinsinnig 84 Prozent.** Durch die seelisch-geistige Disharmonie suchte John F. Kennedy die erotischen Reize und das Verständnis bei anderen Frauen – unter anderem bei **Marilyn Monroe.**

Bill Clinton & Hillary

Auch Bill Clinton und seine Frau Hillary sind zwar ein erfolgreiches Team, aber durch ihre Seelenfremdheit gibt es keine innere Bindung – keine wirkliche Liebe. Es verbindet die beiden körperlich 65 Prozent, seelisch gerade mal 7 Prozent, geistig 76 Prozent und feinsinnig 21 Prozent. Zusätzlich hat auch Bill Clinton wie John F. Kennedy im Geburtshoroskop Untreue-Aspekte.

Wer wird der nächste Präsident der USA, Joe Biden oder Ronald Tramp?

Eine astrologische Wahl-Analyse für den 3. November 2020von Bio-Astro- und Partnerschafts-Analytikerin Ursula Calimeris

Für Joe Biden stehen die Sterne an diesem schicksalhaften Tag überwiegend positiv durch eine sehr günstige Konstellation von Sonne, Venus, Jupiter, Uranus, Neptun und Pluto zu seinen Geburtsplaneten.

Durch die transitierende Sonne in Konjunktion zu seinem Mars werden Joe Biden starke Ego-Kräfte verliehen. Diese könnten ihm bei der Präsidentschaftswahl nützlich sein und sollten konstruktiv genutzt werden. Auch physisch fühlt er sich momentan auf der Höhe. Durch die Sonne in Konjunktion zu seinem MC – Medium Coeli oder die Himmelsmitte, was die Individualität des Menschen, sein Ichbewusstsein, aber auch sein

Lebensziel deutet, wird Joe Biden durch die günstige Konjunktion Ansehen erringen, gelobt werden und Anerkennung bekommen. Er wird beruflich Vorteile durch Zielbewusstsein finden und seine Mission erkennen. In der Öffentlichkeit kann er sich gut darstellen und strahlt Kraft und Tatendrang aus. Die Venus steht in einem schönen Trigon zu seinem Saturn, was ihm Pflichtgefühl schenkt, er geht verantwortungsvoll mit den gestellten Aufgaben um. Venus steht auch günstig zu seinem Pluto, was ihm tiefgreifende Erkenntnisse über den Umgang mit anderen Menschen vermittelt Zurzeit hat er das Gefühl, nicht mehr krampfhaft für sein Ziel kämpfen zu müssen. Dadurch fällt eine Menge Druck von ihm ab. Jupiter günstig zu seinem Merkur schenkt ihm Planreichtum und Optimismus – günstig auch für Vertragsabschlüsse. Bei Neptun günstig zu seinem MC geht er mit viel Idealismus an die Verwirklichung seiner beruflichen Ziele. Er wird ein offenes Ohr für die Sorgen seiner Mitmenschen haben. Bei Pluto günstig zu seinem Merkur besitzt er z. Z. eine kämpferische Einstellung, sie paart sich mit kritischem Denken, sodass im Berufsleben der Erfolgspfad eingeschlagen wird und zum Aufstieg führt. Pluto zu seinem Aszendenten ist ein sehr mächtiger Transit, der nicht unbemerkt an ihm vorübergehen wird. Er strahlt Willenskraft, Energie und Selbstbewusstsein aus und hat das Potential, außerordentlich intensiv auf seine Mitmenschen einzuwirken. Joe Biden ist jetzt gefordert, Veränderungen in seinem Leben vorzunehmen, denn dieser Transit kennzeichnet einen Neuanfang. Alter Ballast kann schnell abgeworfen werden. Er sollte sich von Menschen oder Umständen verabschieden. Ehrgeizige Ziele realisieren sich.

Für Donald Trump sieht es nicht nach einem Wahlsieg aus, da überwiegend seine Transit-Aspekte ungünstig stehen.

Da Merkur in einem ungünstigen Winkel zu seiner Venus steht, befindet sich sein Fühlen und Denken in einem disharmonischen Verhältnis. Es besteht unbegründeter Optimismus. Merkur in einem günstigen Sextil zu seinem Mars bringt Verwirklichung der Gedanken und Unternehmungsgeist, eine Angelegenheit schnell zu erledigen. Durch Venus in einem ungünstigen Quadrat zu Merkur besteht die Neigung zu Vergnügungen, Verschwendung, Übertreibungen, Differenzen mit Frauen, Gerüchten und üblen Nachreden. Da auch Saturn und Venus ungünstig zueinander stehen, sieht es nach Ernüchterung, Vereinsamung, Entfremdung, Konflikte aus Eifersucht, Enttäuschung in der Liebe und nach Trennung aus. Außerdem bestehen Geldschwierigkeiten und Neigung zu Krankheiten. Uranus in einem günstigen Sextil zu Merkur bringt neue Pläne, neue Verbindungen, Drang nach Abwechslung und Umstellung. Suche nach neuen Wegen und Wechsel im Aufenthaltsort. Uranus ungünstig zum MC signalisiert eine Schicksalswendung und einschneidende Ereignisse. Da Neptun im ungünstigen Winkel zu seinem Uranus steht, besteht ein Mangel an Widerstands- und Lebenskraft, verworrene seelische Zustände, schwierige Verhältnisse, berufliche Nachteile, heimliche Angriffe, Untergrabung der Ehre und des Ansehens, chaotische Verhältnisse und Krankheit durch Ansteckung.

Nach den überwiegend positiven Transit-Aspekten und Aussagen für Joe Biden am 3. November 2020 und den mehr oder weniger negativen Transit-Aspekten von Donald Trump sieht es nach einem sicheren Wahlsieg für Joe Biden aus, wenn nicht durch höhere Mächte sein sicherer Sieg durchkreuzt oder vereitelt wird, was in der Vergangenheit schon vorgekommen sein soll.

Zutreffende Wahl-Analysen habe ich vor Jahren für unseren Oberbürgermeister und über unsere Bundeskanzlerin Angela Merkel am 24.09.2017 erstellt.

Wer wird in den nächsten vier Jahren regieren, Angela Merkel oder Martin Schulz?

Eine astrologische Wahl-Analyse für den 24.09.2017 von Bio-Astro- und Partnerschafts-Analytikerin Ursula Calimeris

Für Angela Merkel sind die Sterne an diesem bedeutungsvollen Tag besonders wohlgesinnt und freundlich zugeneigt durch eine sehr günstige Konstellation von Mond, Venus, Mars, Jupiter, Saturn, Uranus und Neptun zu ihren Geburtsplaneten.

Durch die transitierende Venus in günstiger Konjunktion zu ihrer Venus wird Angela Merkel diesen Tag in höchstem Maße genießen. Konjunktionen repräsentieren immer einen Neubeginn, zumal wenn noch andere langwierige Transite hinzukommen. Wie z. B. durch Jupiter in einem günstigen Sextilwinkel zu ihrem Mars. Er schenkt ihr großes Selbstvertrauen und den Glauben an ihr Ziel und lässt sie in Geschäftsbeziehungen dominieren. Es ist eine gute Zeit für den erfolgreichen Abschluss von Verträgen und einen Neubeginn. Sie findet die Balance zwischen Selbstverwirklichung und Rücksichtnahme gegenüber ihren Mitmenschen. **Das Wichtigste aber ist die Tatsache, dass ihre Erfolge nicht nur ihr, sondern auch vielen anderen Menschen zugutekommen.** Auch der transitierende Saturn im günstigen Sextil zu ihrem MC trägt dazu bei. Es ist ihr wichtig, in der Öffentlichkeit als verlässlich und korrekt zu gelten. **Ihre Verantwortung der Gesellschaft gegenüber nimmt sie sehr ernst, was ihre Wertvorstellung ausdrückt.** Durch Uranus im besten Trigonaspekt zu ihrem Mars bringt ihr **plötzliche Energieschübe, die es ihr erlauben, sich und der Welt zu zeigen, dass mit ihr zu rechnen ist. Es scheint ihr kein Hindernis zu hoch, kein Weg zu weit, keine Schwierigkeit zu groß, um nicht im Sturmangriff genommen zu werden.** Ihre Arbeit und Unternehmungen werden unter dieser Transitwirkung sehr profitieren.

Durch Neptun in einem schönen Trigon zu ihrem Jupiter weiß sie auch bei aller Energie und Vitalität, die Gesellschaft von Freunden und Bekannten zu schätzen und sie fühlt sich in ihrer Gegenwart sehr wohl. Unter diesem Transit hat sie ein gutes Gespür für die unterschwelligen Weltanschauungen ihrer Mitmenschen. **Auf der Suche nach Harmonie und Frieden macht sie sich einige Gedanken über das friedliche Mit-**

einander in dieser Welt. Sie ist bereit, für die Gemeinschaft etwas zu tun. **Humanitäre Denkansätze kann sie sehr gut weitergeben,** so dass interessierte Menschen ihr öfters zuhören werden. Besonders positiv wirkt sich der Neptun-Jupiter-Transit auf ihre Psyche aus, so dass sie meist ausgeglichen und optimistisch an ihre Aufgaben geht.

Diese positiven Transit-Aspekte und Aussagen für Angela Merkel am 24. September 2017 deuten auf einen sicheren Wahlsieg hin zumal auch ihre Partei, die CDU, günstige Jupiteraspekte aufweist.

Für Martin Schulz sieht es durch die schwache Planetenbesetzung und Aussagen von Sonne, Merkur, Venus und Uranus zu seinen Geburtsplaneten **nicht nach einem Wahlsieg aus.**

Wenn auch die transitierende Sonne in einem günstigen Sextil zu seinem Uranus steht, was die Neigung zu Veränderungen und Reformen, neue Pläne und eine Wendung signalisiert. Flexibilität ist das Motto dieses Transits. Dagegen steht Merkur in einem ungünstigen Spannungsquadrat zu seinem MC, was Irrtum, Fehlleistung im Beruf, Zersplitterung des Denkens, falsche Einschätzung der eigenen Position und beruflicher Nachteil bedeutet. Auch Venus steht in ungünstiger Opposition zu seinem Mond. Dieser Aspekt signalisiert Verstimmung, Unsicherheit im Seelischen, Unbefriedigtsein in Freundschaftsbeziehungen und Partnerschaften. Die Phantasie widmet sich Spekulationen, die nicht gelingen. Etwas Aufhellung bringt die Venus im günstigen Trigon zu seinem Merkur. Sie vermittelt einen gefühlsbetonten Intellekt, Leichtlebigkeit, Heiterkeit, Beziehungen zu weiblichen Personen, was auch günstig für schriftliche Angelegenheiten ist. Die Venus in Opposition zu seinem Aszendenten macht ihm bewusst, was er an seiner Partnerin schätzt, und er äußert auch frei diese Gedanken. Der transitierende Uranus in einem günstigen Trigon zu seiner Sonne ist ein harmonischer Aspekt, wobei man recht offen für Veränderungen ist, und man kann eine innere Wandlung durchmachen, die Kontaktfreude, Aufgeschlossenheit und Reaktionsschnelle bringt und Besserung der Lebenslage.

Ab 25. bis 29. September steht Jupiter in einem günstigen Sextil zu seiner Sonne. Dieser Aspekt bringt Aufstiegschancen, günstige Geschäftsabschlüsse, erfolgreiche Zusammenarbeit und Glück im Allgemeinen. Wie stark die Wirkung des Aspektes schon am 24. September ist, wird sich zeigen. **Vielleicht schließt die CDU wieder eine Koalition mit der SPD.**

Anmerkung:

Jeder, der sein Bestes gegeben und für den Sieg gekämpft hat, trägt keine Schuld, wenn er verliert, sondern es ist der ungünstige Zeitpunkt mit seinen negativen Aspekten, die einen Sieg unmöglich machen. Das gilt nicht nur für Politiker, sondern auch für Sportler, Künstler und Geschäftsleuten.

Nun noch einige kurze Transit-Aspekte für den 24. September 2017 von der FDP und der Grünen Partei aufgrund der Gründungsdaten.

Die FDP hatte schon bei den **Landtagswahlen im Saarland am 26. März** einige viel versprechende positive Aspekte von Mars, Jupiter, Saturn und Neptun **und in NRW am 14. Mai** von Merkur, Mars, Saturn und Pluto, die einen Aufwärtstrend durch großen Energieeinsatz anzeigten. **Am 24. September** sieht es ebenso durch günstige Konstellationen von Merkur, Venus, Mars, Jupiter, Uranus und Neptun recht positiv aus, wobei es besonders durch den transitierenden Mars im günstigen Trigon zu ihrem Mars zur Stärkung der Selbstbehauptung und Durchsetzungskraft, etwas leisten zu wollen, kommt. Man zeigt sich kämpferisch, entschlossen, leidenschaftlich und verschafft sich Respekt und zeigt Führungsqualitäten. Erfolge zeigen sich durch persönliche Initiative. Durch die günstige Verbindung von Jupiter zum Aszendenten kommt es zum sozialen Aufstieg und zur Förderung.

Die Grüne Partei hatte es seit Februar bis 25. Mai 2017 durch den transitierenden Saturn im Spannungsquadrat zu ihrem Saturn nicht leicht. Saturn ist der **Schicksalsvollstrecker**, der den Mensch durch Sammlungen von Erfahrungen emporführt oder aber durch ungünstige Aspekte das Leben, die Arbeit und Pläne erschwert. Wodurch sich auch Verzögerungen, Abschied und Trennungen, Verlust eines öffentlichen Amtes einstellen können. Dieser Aspekt wiederholt sich erst im Herbst nochmals für zwei Wochen. **Am 24. September** bei der Bundestagswahl besteht dieser Aspekt nicht. Im Gegenteil bestehen einige günstige Aspekte von Mars, Jupiter, Saturn, Uranus und Neptun. Um aber Erfolge zu erzielen, muss man sich plagen und Kraft zum Durchhalten haben, wobei der Glücksaspekt Jupiter-Venus helfen kann, der zu sympathischem Auftreten in der Öffentlichkeit verhilft, was zu mehr Wählerstimmen führen kann.

Zum Schluss noch die körperliche, seelische und geistige Verfassung aufgrund des Biorhythmus von Angela Merkel und Martin Schulz am 24. September 2017. Außerdem die Rhythmenverwandtschaften zwischen Angela Merkel, Barack Obama, Emmanuel Macron und seiner Frau Brigitte.

Angela Merkel hat am 24. September einen halbperiodischen Tag im körperlichen Rhythmus (leichte körperliche Schwäche) und eine noch seelisch-geistige Hochphase.

Martin Schulz hat eine körperliche, seelische und geistige Tiefphase.

Rhythmenverwandtschaften:

Angela Merkel und Barack Obama verbindet eine sehr schöne und große Rhythmenverwandtschaft. Sie waren sich auf Anhieb sehr sympathisch und ergänzten sich bestens. Sowohl beruflich wie auch privat konnten sie gut miteinander kommunizieren. Auch hatten sie durch die hohe Prozentzahl in den wesentlichen Rhythmen großes Vertrauen zueinander.

Im Körperlichen = Wesensverwandtschaft 91 %
Im Seelischen = Seelenverwandtschaft 93 %
Im Intellektuellen = Geistesverwandtschaft 94 %
Im Feinsinnigen = Intuitiven 53 %

Angela Merkel und Emmanuel Macron
Im Körperlichen = 83 % – große Sympathie
Im Seelischen = 29 %
Im Intellektuellen = 33 %
Im Feinsinnigen = 58 %

Emmanuel Macron und seine Frau Brigitte
Im Körperlichen = 83 %
Im Seelischen = 86 %
Im Intellektuellen = 46 %
Im Feinsinnigen = 37 %
Die beiden verbindet eine große und innige Liebe, die
noch über den Tod hinaus bestehen bleibt.

WAHLPROGNOSE für den 26.09.2021

Wer wird die Nachfolge von Bundeskanzlerin Angela Merkel
antreten – Olaf Scholz (SPD) oder Armin Laschet (CDU/CSU)?
Beide haben ihr Bestes gegeben und gekämpft – aber
nur einer kann gewinnen. Gewinnen wird nur derjeni-
ge, der an diesem Tag Gewinnaspekte in seinem Horoskop hat.
Überwiegend positive Aspekte hat am 26. September
2021 Olaf Scholz. Außerdem hat er in seinem Geburtshoroskop den Glücks- und Königsaspekt Jupiter Trigon
Sonne, der hohe Ziele erreichen lässt.
Hinzu kommt, dass auch die SPD am Wahltag günstige Aspekte hat.
Bei Armin Laschet stehen die Sterne am Wahltag überwiegend negativ, ebenso für die CDU/CSU.

Somit wird der Nachfolger von Angela Merkel ihr Vizekanzler OLAF SCHOLZ!!!

Wahlanalyse von Partnerschaftsanalytikerin Ursula Calimeris

#wahlprognose #wahlanalyse #olafscholz #arminlaschet

Lilli Palmer & Carlos Thompson

Ein berühmtes Liebespaar waren die Schauspieler Lilli Palmer und Carlos Thompson. Dass Carlos nach dem Tod seiner **geliebten Lilli** ein sehr einsamer und seelisch gebrochener wie heimatloser Mann war, wird verständlich, wenn man die wunderbare Rhythmenverwandtschaft zwischen den beiden beliebten und unvergessenen Künstlern kennt. **Es verband sie körperlich 65 Prozent, seelisch 93 Prozent, intellektuell-geistig 88 Prozent und feinsinnig 32 Prozent.** Die fast hundertprozentige Seelenverwandtschaft und Liebe, die beide verband, die bei Carlos noch über den Tod seiner geliebten Lilli hinaus bestehen blieb, war sicherlich auch entscheidend **bei ihrer ersten Begegnung auf einer Party in Hollywood.** Eine gute Freundin der beiden fühlte instinktiv und mit ihrer großen Sensibilität, dass Lilli und Carlos, die sich nie zuvor begegnet sind, trotz Altersunterschieds wie füreinander geschaffen waren.

Darum lud sie die beiden zu ihrer Party ein. Was sie im Stillen gefühlt und gehofft hatte, traf ein, denn es funkte sogleich zwischen den beiden, als sie miteinander bekannt gemacht wurden. Was bei ihrer großen Rhythmenverwandtschaft nicht anders zu erwarten war. Für beide war die Partnerschaft eine große Bereicherung nach einigen Enttäuschungen. Privat dürften sie die größte Erfüllung und Beglückung gefunden haben, in der sie auch Geborgenheit, Halt und Verständnis für ihre vielseitigen Interessen fanden. Künstlerisch inspirierten und ermutigten sie sich gegenseitig. Bei einem Rundfunkinterview fragte man Carlos, ob er auf ältere Frauen stehe (Lilli war neun Jahre älter als er), und er erwiderte, dass seine Lilli genauso an Jahren jünger sein könnte, er würde sie ebenso stark lieben. Bis zu Lillis Tod waren sie sehr glücklich und unzertrennlich. Die Einsamkeit und die innere und äußere Leere haben Carlos zu seiner Verzweiflungstat getrieben, indem er ihr nach einigen traurigen Jahren freiwillig in den Tod folgte. Erst der Tod konnte ihre einsamen und verirrten Seelen wieder vereinen.

Das die Ehe zwischen Lilli Palmer und Rex Harrison scheitern musste, zeigt auch hier der Rhythmenvergleich: Es gab zwischen ihnen fast keine Seelenverwandtschaft, die Künstler und kreative Menschen unbedingt brauchen, die oft von starken Emotionen geleitet und inspiriert werden.

Johnny Cash & June Carter

Im Jahre 1955 betritt ein noch junger und unbekannter Sänger mit seiner Gitarre die Studios von Sun Records in Memphis. Er heißt Johnny Cash und wird in den nächsten Jahren eine steile Karriere als Countrymusiker und Songwriter machen und weltberühmt werden. Doch die Ehe mit seiner ersten Frau Vivian und das Familienleben leiden sehr unter dem kometenhaften Aufstieg des Künstlers und seiner Alkohol-, Drogen- und Tablettensucht, die seine Ehe schließlich scheitern lassen.

Da lernt Johnny Cash in der Country-Sängerin June Carter seine ganz große Liebe kennen, mit der er wirklich sein zukünftiges Leben teilen und verbringen will. Gemeinsam feiern sie große Erfolge. Trotz privaten Glücks und großen beruflichen Erfolges erlebt Johnny Cash immer mal psychische Abstürze und greift dann zu Betäubungsmittel, von denen er zeitlebens nicht mehr loskam. Doch die Sängerin June stand ihm durch alle Höhen und Tiefen treu zur Seite. Sie gab ihm durch ihre starke Persönlichkeit und Liebe Halt und Geborgenheit. Keine Frau hätte sich besser in ihn einfühlen und verstehen können als June.

Es verband sie eine große Wesensverwandtschaft von 74 Prozent und eine noch größere und innige Seelenverwandtschaft von 93 Prozent. Sie waren ein Herz und eine Seele. Hinzu kam noch eine **große Geistesverwandtschaft von 82 Prozent.** Somit hatten sie auch viele gemeinsame Interessen und Ansichten und verstanden sich auch ohne Worte. **Sie waren beide für den anderen die ideale Ergänzung.** Bei ihrer Rhythmenverwandtschaft kann man verstehen, dass sie sich sogleich ineinander verliebt haben. Privat dürften sie miteinander eine glückliche und erfüllende Partnerschaft gelebt haben – bis auf die zeitweisen Abstürze durch seine Sucht, die auch für diese Liebespartnerschaft sicherlich eine Belastung war. Künstlerisch war es eine befruchtende und bereichernde Verbindung, wobei einer den anderen inspirierte.

Als June am 15. Mai 2003 starb, muss für Johnny seine Welt zusammengebrochen sein, denn schon vier Monate später, am 12. September 2003, folgte er der einzigen Frau, die er je geliebt hatte. Im Tode haben sich ihre liebenden Seelen wieder vereint.

Johannes Heesters & Simone Rethel

Eine wirkliche **Liebe** fragt nicht nach dem Alter, weil sie aus der Seele und dem Herzen kommt. Das beste Beispiel waren **Johannes Heesters und die 46 Jahre jüngere Simone Rethel.**

Schon als blutjunges Mädchen verliebte sie sich in den Charmeur der deutschen Leinwand. Für ein Autogramm und um ihn einmal persönlich kennen zu lernen, reiste sie mit einer Freundin bis nach Holland. Um mit ihm eines Tages zusammen auf der Bühne stehen zu können oder vor der Kamera, entschloss sie sich danach, Schauspielerin zu werden, um somit auch ihrer heimlichen Liebe nahe zu sein. Erst im reifen Alter fanden sie zusammen, zuerst auf der Bühne und dann auch privat. Die Liebe hat trotz großen Altersunterschiedes gesiegt. Ihre große Rhythmenverwandtschaft bestätigt, dass es wirklich ein echtes und großes Gefühl war, das beide miteinander verband, und nicht irgendwelche unterschwelligen, berechnenden Beweggründe ausschlaggebend waren. **Die beiden verband körperlich 100 Prozent, seelisch 79 Prozent, intellektuell-geistig 82 Prozent und feinsinnig 21 Prozent.** Ich möchte sagen, dass sich hier zwei alte, liebende Seelen aus einem früheren Leben gesucht und nach vielen Jahren wiedergefunden haben. Es verband sie eine innige und tiefe Liebe. Auch geistig ergänzten sie sich hervorragend. Die Tochter aus Johannes Heesters erster Ehe sagte einmal: **„Ein Engel hat Simone gesandt, um meinen Vater an die Hand zu nehmen.“**

Sophia Loren & Carlo Ponti

Eine glückliche und harmonische Ehe führten auch die rassige italienische Filmschauspielerin Sophia Loren und der erfolgreiche Filmproduzent Carlo Ponti.

Rein optisch konnte kein Paar unterschiedlicher sein als die beiden. Sophia von eher großer Statur und von atemberaubender Schönheit, die jedes Männerherz unruhig schlagen ließ, wenn sie sich ihnen näherte, und Carlo von kleiner und rundlicher Statur. **Doch ihre große Rhythmenverwandtschaft von körperlich 83 Prozent, seelisch sogar 100 Prozent und geistig 88 Prozent machte es möglich, dass sie sich ineinander verliebten und zwei prächtige Söhne bekamen.**

Viele Männer verehrten und begehrten die schöne Sophia Loren, unter anderem **Gary Grant**, der sich bei ihren gemeinsamen Dreharbeiten zu dem Film **„Hausboot“** in sie verliebte. Aufgrund ihrer großen substanziellen Rhythmenverwandt-schaft von **körperlich 83 Prozent und seelisch 79 Prozent** muss zwischen den beiden eine starke erotische Anziehungs-kraft bestanden haben. Gary Grant soll ihr sogar ein Heirats-angebot gemacht haben. Aber Sophia lehnte ab, weil sie bei ih-rem Carlo den Mann gefunden hatte, bei dem sie sich wirklich geborgen und geliebt fühlte und der ihr große Sicherheit gab. Außerdem förderte und unterstützte er sie künstlerisch. Un-ter seiner Leitung hat sie viele erfolgreiche und internationa-le Filme gemacht. **Sie blieb bis zu seinem Tod mit ihm in-nig verbunden**

Die positiven und negativen Verwandlungen der Liz Taylor durch ihre Männer

Viele Männer kreuzten den Weg der zauberhaften Liz Tay-lor – einst schönste Frau von Hollywood und damals mit 59 Jahren, als sie ihrer letzten Liebe begegnete, war sie nicht weniger attraktiv.

Zauberhaft war sie im wahrsten Sinne des Wortes, da es ihr immer wieder gelang, sich aus einer aufgedunsenen Raupe in einen grazilen, farbenprächtigen und schillern-den Schmetterling zu verwandeln. An dieser Verwandlung trugen die Männer der Liz Taylor einen wesentlichen Anteil – **sowohl im Positiven wie auch im Negativen.** Sie, die eine **gefühlsstarke und liebesbedürftige Fische-Frau war – die stets von Emotionen** beherrscht und geleitet wurde, wie kaum eine andere, flogen die Männerherzen nur so zu. Wobei auch ihr Enttäuschungen nicht erspart blieben, die dann Aus-löser für ihre extremen Trink- und Essgelage waren, wenn ihre **Hoffnungen und Sehnsüchte** in einer neuen Partnerschaft **unerfüllt blieben.** Doch eine neue Liebe vermittelte ihr von jeher einen bewundernswerten starken Willen, große Ausdauer und neuen Lebensmut, um durch strengste Diät ihre schlanke Figur und ihr zauberhaftes Aussehen in kürzester Zeit zurückzuerlangen. **So ist auch ihre letzte wunderbare Verwandlung zur atemberaubenden Schönheit und strahlenden Braut ihrem damals zwanzig Jahre jüngeren Ehemann Larry Fortensky zu verdanken.** Sie lernten sich in einer Alkoholentzugs-Klinik kennen.

Die nun folgenden prozentualen Analysen zeigen auf, wodurch es Schwierigkeiten in ihren Partnerschaften gab und woran sie letztlich scheiterten.

Die Partnerschaft mit Ehemann Nr. 2, Michael Wilding, ein dominanter und autoritärer Löwe-Mann, wurde durch zu geringe substanzielle Übereinstimmung erschwert und belastet. Es bestand in der körperlichen und seelischen Übereinstimmung nur 57 und 29 Prozent. Sie waren mehr oder weniger wesens- und seelenfremd, wodurch sich ihre Gefühle füreinander langsam abgekühlt haben und sich Langeweile ausbreitete. Nur auf intellektuell-geistiger Ebene gab es große Harmonie und Übereinstimmung von 82 Prozent.

Besonders schicksalhaft und prägend war für Liz Taylor die Begegnung mit dem leidenschaftlichen und hitzköpfigen Skorpion-Mann Richard Burton, den sie bei den Filmaufnahmen von Kleopatra kennen und lieben lernte. Durch ihre große körperlich-seelische Rhythmenverwandtschaft entstand eine starke sinnlich-erotische und magnetische Anziehungskraft. Warum auch diese Partnerschaft scheitern musste, erfahren Sie in der anschließenden ausführlichen Bio-Astro-Analyse.

Die enttäuschendste und frustrierendste Verbindung hatte sie mit dem Politiker John Warner, einem ruhelosen und unberechenbaren wie berechnenden Wassermann. Bei ihm erlebte sie nicht nur große geistige Disharmonie und Unverständnis, sondern auch abgrundtiefe Gefühlskälte durch zu große seelische Polarität. Diese Leere versuchte sie dann bekanntlich mit übermäßigen kulinarischen Genüssen und Alkohol vergeblich zu stillen. Es würde mich nicht wundern, wenn er sie nur zur Repräsentation – sozusagen als berühmtes Aushängeschild für seine politischen Ambitionen – benutzt hätte. Nach dem Scheitern dieser Ehe war sie wieder übergewichtig geworden.

Ihr prozentuales Verhältnis betrug körperlich 57 Prozent, seelisch 7 Prozent, geistig 21 Prozent, feinsinnig 42 Prozent.

Nun komme ich zu ihrer letzten Liebe Larry Fortensky, einem erdgebundenen, realistisch-denkenden Steinbock-Mann, der sowohl treu und zuverlässig sein kann wie auch verschlossen und launenhaft. Mit ihm konnte die feinfühlende und gefühls-starke Fische-Frau Liz Taylor weder gefühlsmäßige noch geisti-ge Höhenflüge erleben, dafür fand sie aber einen ruhenden Pol und eine starke Schulter zum Anlehnen im Herbst ihrer Jahre. Statt knisternde Erotik empfanden sie echte Sympathie und ka-meradschaftliche Verbundenheit füreinander. Auch auf geisti-ger und feinsinniger Ebene fanden sie Übereinstimmungen ih-rer Gedanken, Ansichten und Meinungen.

Ihre Rhythmenverwandtschaft betrug körperlich 65 Prozent, seelisch 14 Prozent, geistig 76 Prozent, feinsinnig 68 Prozent.

Einen guten Freund hatte sie auch in ihrem jungen Vereh-rer Michael Jackson gefunden. Auch die beiden verband echte Sympathie und Zuneigung füreinander. Sie hatten körperlich 74 Prozent, seelisch 43 Prozent geistig 33 Prozent, feinsinnig 47 Prozent.

Am Beispiel der Partnerschafts-Analysen der einst unverwüst-lichen Liz Taylor, die durch ihre ständigen Verwandlungen wie ein Phänomen erschien und die höchsten Höhen und die tiefs-ten Tiefen mit sechs Ehemännern erlebt hat, kann man ermes-sen, wie wichtig es ist, schon vorzeitig das prozentuale Verhält-nis einer Partnerschaft zu kennen, um große Enttäuschungen und ein Fiasko in der Ehe zu vermeiden.

Der rhythmenverwandte Partner kann uns beflügeln und stärkt das Selbstwertgefühl, er schenkt uns Liebe, Geborgenheit und

Wärme. Dagegen wirkt der rhythmenfremde Partner auf alle Aktivitäten lähmend und zerstörerisch. Statt Wärme umgibt diese Menschen nur Kälte und Gleichgültigkeit. Doch Lebenskrisen und Enttäuschungen sind gleichzeitig auch Lebenschancen, bei denen wir wichtige und entscheidende Korrekturen vornehmen müssen. Doch wenn wir zu lange warten, kann es irgendwann zu spät sein. Wie sagte doch vor Jahren Michail Gorbatschow: „Wer zu spät kommt, den bestraft das Leben."

Die schicksalhafte Begegnung zwischen Liz Taylor & Richard Burton

So wie einst **Julius Cäsar und Marc Antonius** der schönen und klugen ägyptischen **Königin Kleopatra** verfielen, so erging es auch **Richard Burton mit Liz Taylor** bei den Dreharbeiten zu dem Film **„Cleopatra".** Liz Taylor spielte mit großer Hingabe und Überzeugung die Rolle der schönen Kleopatra. Sie war ebenso schön und verführerisch wie sie. Der bekannte und erfolgreiche Charakter-Schauspieler **Rex Harrison** verkörperte den römischen Staatsmann und erfolgreichen Feldherrn Julius Cäsar. **Richard Burton** – einst ein großer Shakespeare-Darsteller – verkörperte Marc Antonius, der ein Vertrauter von Cäsar war und auch ein erfolgreicher Feldherr.

Nachdem Cäsar mit seinem Schiff in Ägypten landete, wünschte eines abends ein junger Teppichhändler an Bord zu kommen, um ihm einige seiner wertvollen Waren zu zeigen. Über seine Schulter hing ein schwerer, kostbarer Teppich. Als er ihn vorsichtig vor Cäsar aufrollte, lag darin Kleopatra versteckt, die ihn auf diese Weise überraschen und begrüßen wollte, was ihr gelungen ist, denn Cäsar war verwirrt und zugleich fasziniert von der jungen und schönen Königin und später von ihrer Klugheit sehr beeindruckt. Kleopatra galt als eine der gebildesten Frauen ihrer Zeit, die fließend neun Sprachen beherrschte. Sie wurde die Verbündete und Geliebte Cäsars, der sie gegen ihre feindlichen Verwandten unterstützte und ihren Thron sicherte. Nach Cäsars Ermordung, drei Jahre nach der Geburt seines Sohnes Kaisarion mit Kleopatra, begegnete ihr der römische Feldherr Marc Antonius. Auch bei ihm verfehlte ihre magische Ausstrahlung nicht. Er wurde ihre große Liebe und später ihr Gemahl. Ein Jahr nach ihrer Begegnung brachte sie ein Zwillingspärchen zur Welt, Alexander und Kleopatra.

Wie im Film die Liebeszenen von Liz Taylor und Richard Burton sehr überzeugend und echt wirkten, so war es auch im wirklichen Leben. Die beiden müssen sich während der Filmaufnahmen wie in einem Liebesrausch gefühlt haben. Denn nach Beendigung des Films ließen sich beide von ihren Ehepartnern scheiden und heirateten schon bald danach.

Ihre magische und erotische Anziehungskraft sowie Leidenschaft füreinander zeigt auch ihre körperlich-seelische Übereinstimmung von 100 und 71 Prozent. Somit waren sie sehr wesensähnlich wie Zwillinge mit den gleichen Stärken und Schwächen und sehr seelenverwandt, wodurch die große körperlich-erotische Anziehungskraft entstand. Doch intellektuell-geistig hatten sie nur 39 Prozent, die unterschiedliche Ansichten, Meinungen und Interessen entstehen lassen und je nach Temperament es zu Streitigkeiten kommen kann, wenn die Partner nicht tolerant und kompromissbereit sind. Auch ihr intuitives Empfinden für Schönheit und Kunst war zeitlich total unterschiedlich, denn sie hatten nur **5 Prozent im Feinsinnigkeits-Rhythmus,** der für den Geschmacks- und Schönheitssinn steht. Obwohl sie sich heiß und innig liebten, fiel es ihnen oft schwer den anderen zu verstehen und so zu akzeptieren wie er ist. Sie konnten auf lange Sicht nicht miteinander – aber auch nicht ohne den anderen leben, so dass sie sich nach der ersten Eheschließung nach einigen Jahren wieder scheiden ließen, um bald darauf nach schmerzlicher Trennung, erneut zu heiraten und es wieder miteinander zu versuchen.

Doch die zweite Ehe scheiterte wie die erste. Schuld daran war nicht nur ihre geistige Unverträglichkeit, sondern vor allem, dass beide alkoholabhängig waren. Keiner konnte dem anderen eine Hilfe und Stütze sein. Durch ihre gemeinsamen Trinkgelage und Exzesse stürzten beide gleichzeitig in den physischen und psychischen Abgrund. Böse verbale Beschimpfungen und Beleidigungen vergifteten ihr Zusammenleben und zerstörten ihre einst große Liebe, was auch ihr Partnerschaftshoroskop deutlich zeigt.

Sowohl positive wie auch negative Aspekte zeigen die ganze Skala ihrer Gefühle in dieser Astro-Analyse.

Der sehr schöne Aspekt von Sonne und Mond in Konjunktion, der ideal und wünschenswert für eine private Partnerschaft steht, zeigt, dass Richard in der Verbindung männlich sein durfte und Liz ihre Weiblichkeit gerne ausdrückte. Da beide künstlerisch aktiv waren, konnten sie sich gegenseitig inspirieren und ein erfülltes Dasein bescheren. Auch der **günstige Sonne-Pluto-Aspekt** bedeutet, dass beide viel voneinander lernen konnten, wodurch harmonische Umwandlungen stattfanden. **Positive Leidenschaft war ein Merkmal ihrer Beziehung.** Sie erlebten ein weites Spektrum von Gefühlslagen. **Ihre große Seelenverwandtschaft wird durch ihre beiden Geburtsmonde nochmals bestätigt, die in einem günstigen Aspekt zueinander standen. Hier haben sich zwei liebende Seelen aus einem früheren Leben wiedergefunden, um erneut gefühlsmäßig zu verschmelzen.** Die weibliche Komponente kam bei beiden verstärkt zum Ausdruck. Er konnte ihr stundenlang zuhören und wusste immer, was sie sich wünschte, während sie intuitiv verstand, was in ihm vorging. Voller Hingabe füreinander hatten beide Freude daran, ihr Leben gemeinsam kreativ zu gestalten, da sie auf der gefühlsmäßigen Ebene eins waren.

Leider wurde ihre innige Zweisamkeit durch die **negativen Aspekte von Merkur-Sonne und Neptun** belastet. Er zeigte ihr gern seine geistige Überlegenheit. Ihr Denken und ihre Logik führte sie in verschiedene Richtungen. Dadurch konnte es zu Konflikten kommen, die in Enttäuschungen endeten. Ausgleichend war, dass sein **Liebesplanet Venus** durch ihre Planeten von **Sonne, Merkur, Mars und Neptun** bestens bestrahlt wurde, wodurch sich Liz manchmal verpflichtet fühlte zu dominieren, um Richard die Möglichkeit zu geben, sich kreativ zu entfalten. Überhaupt waren sie wie geschaffen, gemeinsam kreative Ziele und Projekte in Angriff zu nehmen und sie erfolgreich zu beenden. **In ihrer Beziehung ging es oft sehr gefühlvoll zu – *wenn sie nicht tranken*. Jeder öffnete sich für die Bedürfnisse des anderen. Sie hatten keine Schwierigkeiten, miteinander zu träumen und ihren Phantasien nachzugehen. Ihr Sinn für Romantik war sehr ausgeprägt, weswegen sie trotz allem auch *viele schöne Stunden miteinander verbringen durften*. Ihre Visionen führte ihn in Welten, die er noch nicht kannte. Intuitiv erfassten sie beide die Wünsche des anderen.**

Da auch sein Mars zu ihrem Mars im besten Winkel stand, harmonierten ihre Energieformen sehr gut miteinander, weswegen sie das Leben auch auf ähnliche Weise in Angriff nahmen. Sie gaben sich gegenseitig Kraft und Mut – wenn sie nüchtern waren – und konnten auch unabhängig voneinander ihre Chancen im Leben suchen. Doch für beide war es gut, dass sie ihre Kräfte auch auf gemeinsame Ziele und Projekte gerichtet haben, die überwiegend von Erfolg gekrönt waren. **Ein günstiger Jupiter-Mond-Aspekt** zeigt, dass Richard seiner Liz ihrer Gefühlswelt erweiternde Impulse gab. Er ließ es zu, dass sie ihre Gefühle ihm gegenüber in jeder Form zum Ausdruck brachte. Auch gab er ihr das Gefühl, von ihm beschützt zu werden.

Da sein Jupiter negative Aspekte mit ihrer Venus, ihrem Uranus und Pluto bildete, zeigen sich Tendenzen, warum es in ihrer Partnerschaft oft zu Streitigkeiten und Missverständnissen kam. Sie wünschte sich, den Partner ganz für sich zu gewinnen, doch er fürchtete um seine Unabhängigkeit und Freiheit. Er vermisste bei ihr Toleranz und eine liberale Weltanschauung in den Gesprächen. Es prallten verschiedene Lebensanschauungen aufeinander und da Zugeständnisse von keinem gern gemacht wurden, wird es wohl häufig zu Streit gekommen sein. Zwei grundlegend unterschiedliche Lebensgefühle kämpften gegeneinander. **Auch sein Saturn stand negativ zu ihrem Mond und Jupiter.** Dadurch war der gegenseitige Besitzanspruch bei beiden sehr hoch. **In ihrer Beziehung kollidierten ihr Expansionsdrang und sein Traditionsbewusstsein miteinander,** sodass es zu Reibereien kam.

Durch Saturn in einem schönen Winkel zu ihrem Pluto gab es zeitweise Stabilität und Weiterentwicklung in ihrer Beziehung. Richard war der ruhende Pol, zu dem Liz immer wieder zurückkehren konnte. Wenn sie verzweifelt war, konnte sie sichergehen, dass er für sie da war.

Da sein Pluto negativ zu ihrer Venus und zu ihrem Uranus aspektiert war, kam es in ihrer Partnerschaft schnell zu Abhängigkeit und Frustration. Was Liz unter Liebe und Zweisamkeit verstand, bedeutete für Richard Unterdrückung natürlicher Instinkte. Er wollte unbedingt seinen Willen durchsetzen und wandte sich vielleicht auch anderen Frauen zu, wenn er das Gefühl hatte, ihm könne etwas entgehen. Sie war in der Beziehung wahrscheinlich der schwächere Part, weil sie verletzbarer war als er. Diese Beziehung war eine große Herausforderung für beide, doch bestand auch die Chance zu persönlichem Wachstum. Gegenseitiges Vertrauen war in dieser Partnerschaft nicht unbedingt an der Tagesordnung. Indem sie versuchte, immer wieder massiv in sein Leben einzugreifen, wollte sie ihm ihre Ansichten transparenter machen. Er muss sich mit Händen und Füßen dagegen gewehrt haben, was sie nur noch mehr ansporrnte. Die beiden hätten sich vor allzu heftigen Auseinandersetzungen hüten sollen, da sie sich damit nur in Schwierigkeiten brachten und sich die Möglichkeit zu einem dauerhaften harmonischen Dasein verbauten. Auch hätte den beiden eine gemeinsame Konfliktlösungsstrategie geholfen, die es ihnen ermöglichte, Streitigkeiten bereits im Ansatz zu erkennen und zu eliminieren. **Doch vor allem hätten sie die Kraft aufbrin-**

gen müssen, dem Alkohol dauerhaft zu entsagen, um so ihre großen und tiefen Gefühle füreinander zu erhalten.

Schlusswort:

So wie das Leben von Kleopatra und Marc Antonius tragisch endete, so endete auch nach vielen Höhen und Tiefen die Liebesverbindung zwischen Liz Taylor und Richard Burton.

Anmerkung:

Da bei den beiden sowohl die Bio- als auch die Astro- Partnerschafts-Analyse überwiegend positiv ausfiel, bin ich davon überzeugt, dass sie miteinander hätten glücklich alt werden können, wenn sie nicht in ihren Geburtshoroskopen den Suchtaspekt Sonne-Neptun gehabt hätten, der sie ein Leben lang belastet hat.

Personen, die in ihrem Geburtshoroskop Sonne-Neptun negativ im Quadrat oder Opposition haben, wie einst Liz Taylor und Richard Burton oder auch Johnny Cash und viele andere, sollten alle Betäubungsmittel unbedingt meiden, da sie durch diesen Aspekt suchtgefährdet sind.

Erläuterung der Rhythmenverwandtschaft

Da Sie schon einen Einblick in die rhythmenverwandten und rhythmenfremden Partnerschaften der prominenten Paare bekommen haben, möchte ich Ihnen zum besseren Verständnis die Rhythmenverwandtschaft für Partnerschaften erläutern:

Wie Ebbe und Flut ist der Mensch mit der Stunde seiner Geburt einem bestimmten Lebensrhythmus unterworfen. Es gibt vier Rhythmen: einen männlichen und einen weiblichen, genauso wie jeder Mensch in seinen Erbanlagen

eine männliche und weibliche Komponente besitzt. Diese beiden Substanzrhythmen bewegen sich in Intervallen von 23 und 28 Tagen und bestimmen vor allem unser körperliches und seelisches Wohlbefinden. Hinzu kommt der Intellektrhythmus von 33 Tagen, der unser Geistesdenken steuert, und der Feinsinnigkeitsrhythmus von 38 Tagen, der uns intuitiv für die äußeren Dinge aufgeschlossen macht.

Basierend auf diesen vier Rhythmen, bei denen die erste Hälfte eines Intervalls die Tage des Hochs sind und die zweite Hälfte die Tage des Tiefs, errechne ich von zwei Partnern die prozentuale Rhythmenverwandtschaft. Wenn nun beide Partner einen angenäherten Gleichlauf ihrer Rhythmen haben, entsteht zwischen ihnen eine tiefe Sympathie und Zuneigung, woraus eine innige und große Liebe wachsen kann. Ist jedoch der eine Partner im Hoch seiner Rhythmen und der andere im Tief, entstehen Uneinigkeit und Missverständnisse, daraus folgen Antipathie und Gleichgültigkeit und die Trennung oder Scheidung ist nur noch eine Frage der Zeit. Eine hochprozentige Rhythmenverwandtschaft garantiert eine glückliche und harmonische Partnerschaft bzw. Ehe. Rhythmenverwandtschaft ist gleichzusetzen mit Sympathie. Wohingegen Rhythmenfremdheit mit mangelndem Einfühlungsvermögen und Verständnislosigkeit des einen für die temporäre Verfassung des anderen Partners gleichzusetzen ist. Viele Ehen, die nur aus spontaner Verliebtheit geschlossen wurden, werden früher oder später wieder geschieden, wenn der natürliche Sympathiestrom nicht vorhanden ist. Verliebtheit macht bekanntlich blind gegen alle früher gefassten Vorsätze. Aber eines Tages erkaltet das spontane Gefühl für den anderen und die Vernunft tritt wieder in ihre alten Rechte. Besteht beiderseitige Sympathie, dann wird sich das bisherige Glück noch vertiefen und dauernden Bestand haben. Ist jedoch keine Sympathie vorhanden, wird das Zusammenleben allmählich zur Qual und unerträglich, Die einstmals verliebten Ehepartner gehen schweigsam und gleichgültig nebeneinander her. Nur durch große Rhythmenverwandtschaft entsteht echte

Sympathie und Liebe und gründet eine endlos glückliche Ehe. Somit wird auch jede Lebenskrise gemeinsam gemeistert, da einer dem anderen treu und hilfreich zur Seite steht. Hier passt die Aussage: Gemeinsames Leid ist halbes Leid – gemeinsame Freude ist doppelte Freude.

Das Vergleichsrhythmogramm als Eheprognose ist für jeden Heiratswilligen geradezu lebenswichtig, wenn er nicht ein Fiasko in der Ehe erleben will. Ganz besonders empfehlenswert ist diese wissenschaftliche Methode bei einer angestrebten Bekanntschaft durch das Internet oder durch Bekanntschafts- und Heiratsannoncen. Da die Partner in oft weit auseinanderliegenden Ortschaften, Ländern oder sogar Kontinenten wohnen, fehlt zunächst der persönliche Kontakt. Dieses Manko an instinktivem Gefühl lässt sich leicht durch den Verstand ersetzen, indem man sich von dem Grad der Rhythmenverwandtschaft überzeugt.

Darum mein Rat: Keine eheliche Bindung ohne Aufstellung eines Vergleichsrhythmogramms!

Anmerkung:

Da ein Biorhythmogramm oder die Vergleichsanalyse nichts über die Charaktereigenschaften eines Partners aussagt, sollte man sich zuvor auch eine astrologische Geburtsanalyse über den zukünftigen Partner erstellen lassen. So erfährt man nicht nur die positiven, sondern auch die negativen Eigenschaften dieser betreffenden Person. Zum Beispiel, ob die Person zur Untreue neigt, zu Unbeherrschtheiten, zu Gewalttätigkeiten oder suchtgefährdet ist und vieles mehr.

Anhand der genauen Geburtsdaten ...

Anhand der genauen Geburtsdaten von Prominenten ist es mir möglich, sowohl über die unüberwindlichen, uralten Gemäuer der Fürsten- und Königshäuser zu schauen wie auch in die pompösen Villen der berühmten Stars von Film und Fernsehen. Durch meine Studien weiß ich, ob ihre oft glückstrahlenden Mienen echt oder nur zur Schau gestellt sind und wie es in ihren Herzen wirklich aussieht, zu denen es keinen Zugang gibt – oft selbst für die besten Freunde nicht. Für jeden Menschen, ob berühmt und reich oder unbekannt und arm, ist es von unschätzbarem Wert, einen gleichgesinnten und rhythmenverwandten Partner an seiner Seite zu haben, der in guten und schweren Zeiten zu ihm hält, der seine Träume und Sehnsüchte erfüllt und mit ihm realisiert. Dieses Wunschdenken ist so alt wie die Menschheit und beschäftigt uns alle. Durch die Biorhythmik und einer Vergleichsanalyse ist es heute möglich, diese Träume zu verwirklichen.

Caroline & Ernst August

Die ganze Welt schaute am 23. Januar 1999 nach Monaco, als sich die allseits beliebte Fürstentochter Caroline mit dem deutschen Prinzen von Hannover Ernst August vermählte.

Und alle fragten sich, ob der von Schicksalsschlägen heimgesuchten Caroline, dieses Mal, mit dem neuen Mann an ihrer Seite, Glück beschieden sein würde. Schon Wochen zuvor hatte ich, als die ersten Fotos von den beiden in der Presse erschienen sind, eine prozentuale Partnerschaftsanalyse erstellt und war über das positive Ergebnis erfreut. Im Stillen hoffte ich, dass sie heiraten mögen. Denn hier hatten sich zwei rhythmenverwandte Menschen gefunden, die miteinander alt werden können. Sowohl biorhythmisch wie auch astrologisch ergänzen die beiden sich. Es verbindet sie eine überdurchschnittliche Wesensverwandtschaft von 65 Prozent und eine tiefe und innige Seelenverwandtschaft von 86 Prozent, wodurch auch eine erotische Anziehungskraft besteht, Träume und Sehnsüchte finden Erfüllung. Auch geistig ergänzen sie sich mit 64 Prozent überdurchschnittlich gut. Somit haben sie viele gemeinsame Interessen, übereinstimmende Gedanken und Meinungen. Auch im Feinsinnigkeitsrhythmus, der unser Schönheitsempfinden steuert von Farben, Formen, Tönen und Düften, besteht auch eine große Übereinstimmung von 89 Prozent. Hier findet das intuitive Erfassen und Beurteilen von Umwelteinflüssen fast gleichzeitig statt und prägt ihren Lebensstil. Die ästhetische Intimität vermittelt gemeinsames Erleben von Schönheit, z. B. in der Natur, der Kunst und des Zusammenseins.

Auch auf schöpferischem Gebiet wird die Anziehung beiderseits zu einem beglückenden Erlebnis werden.

Wie sich biorhythmisch bei den beiden große Übereinstimmung zeigt, so findet die Analyse nochmals Bestätigung in den überwiegend günstigen Sternenkonstellationen im Partnerschaftshoroskop.

Durch den sehr schönen Aspekt von Sonne und Mond im Trigon werden beide in dieser Partnerschaft sehr positive Erfahrungen machen und sich ein erfülltes Dasein bescheren. Durch Merkur Sextil Merkur bringen sie sich gegenseitig großes Verständnis entgegen. Zusätzlich verschafft ihnen Merkur Sextil Venus die Möglichkeit zur Kooperation auf allen Ebenen und zu einem liebevollen Verhältnis, das durch viele gemeinsame Interessen Nahrung erhält. Auch Venus Sextil Venus ist ein sehr angenehmer Aspekt, der für Harmonie und Verständnis sorgt, denn beide fühlen und empfinden gleich füreinander. Dadurch herrscht zwischen ihnen eine starke, magnetische Anziehungskraft. Auch Stil und Geschmack der beiden passen gut zueinander. Somit sind sie auch ein gutes Team-Paar, das gemeinsam sehr kreativ und erfolgreich sein kann. Mit ihm an ihrer Seite kann Caroline zu ihren Gefühlen stehen und sich auch mal verwundbar zeigen. Dagegen gewinnt das Leben von Ernst August durch sie an Freude und Gelassenheit.

Aufgrund dieser positiven Bio-Astro-Analyse hätten die beiden eine stabile und glückliche Ehe führen können. Leider zeigt sich bei den beiden, wie auch bei vielen anderen Paaren, wie wichtig es ist, zuvor das Geburtshoroskop anzuschauen, denn das schwierige Horoskop von Ernst August und sein unbeherrschtes, temperamentvolles Wesen ließen ihn wieder eigene Wege gehen. Hinzu kam auch seine Alkoholsucht, wie sein Bruder öf-

fentlich bestätigte, die wohl der eigentliche Grund ihrer Trennung war.

Rainier von Monaco & Gracia Patricia

Die Eltern von Prinzessin Caroline, Fürstin Gracia Patricia und Fürst Rainier III. von Monaco, die am 19. April 1956 in der St.-Nikolaus-Kathedrale von Monaco aus Liebe heirateten, waren ein glückliches und harmonisches Paar, denn es verband sie eine überdurchschnittliche Wesensverwandtschaft von 65 Prozent, eine sehr schöne und innige Seelenverwandtschaft von 93 Prozent und eine über dem Durchschnitt liegende Geistes- und Feinsinnigkeitsverwandtschaft von 58 und 63 Prozent. Leider fand ihre Liebe ein tragisches Ende, als Gracia an den Folgen eines Autounfalls am 14. September 1982 um 22:30 Uhr im Krankenhaus von Monaco verstarb. Ihr Tod stürzte ihre Familie, das Fürstentum von Monaco und die ganze Welt in tiefe Trauer. Fürst Rainier hat nach diesem schmerzvollen Verlust nicht wieder geheiratet.

Albert & Charlene
Die Fürstenhochzeit in Monaco

Erwartungsvoll schaute ganz Monaco und die übrige Welt auf die Hochzeit von Fürst Albert und Charlene Wittstock am 2. Juli 2011, die unter freiem Himmel vor dem Grimaldi-Palast stattfand. Es wurde ein Volksfest für alle Monegassen.

Nach langem Suchen fand der Fürst in der Südafrikanerin die Frau, mit der er glaubt, sein zukünftiges Leben gemeinsam verbringen zu können, um mit ihr sein kleines Fürstentum zu regieren. Ob die beiden sich ergänzen und

miteinander harmonieren, um eine glückliche Ehe führen zu können, zeigt die Bio-Astro-Analyse.

Leider zeigt die körperliche Übereinstimmung von nur vier Prozent (wie einst bei Charles und Diana sowie Andrew und Sarah), dass es starke polare Gegensätze und viele Missverständnisse gibt. Sie haben somit auch unterschiedliche Höhen und Tiefen, da ihre körperlichen Rhythmen völlig konträr verlaufen. Sie sind vom Wesen und Temperament sehr verschieden, was ein hohes Maß an Anpassungs- und Kompromissbereitschaft sowie Toleranz von beiden verlangt. Da die beiden eine **überdurchschnittliche Seelenverwandtschaft von 64 Prozent** verbindet, sind sie sich gefühlsmäßig zugetan und auch ähnlich in ihren Empfindungen. Dadurch können in der Hochphase Harmonie und zärtliche Gefühle füreinander entstehen. Aber in der Tiefphase und durch die Wesensfremdheit kann es immer wieder zu Enttäuschungen, Spannungen und Missverständnissen kommen, was aus den Medien seit ihrer Hochzeit zu entnehmen ist und von den beiden inzwischen öffentlich eingestanden wurde. Dagegen wirkt sich ihre **große geistige und feinsinnige Übereinstimmung von 82 und 95 Prozent positiv auf ihre Beziehung aus.** Wodurch ihre gemeinsame öffentliche Tätigkeit erfolgreich sein könnte, wenn sie ihre seelisch-geistige Hochphase dafür benutzen würden, da sie ähnliche Interessen, Ansichten und Meinungen haben und den gleichen Geschmacks- und Schönheitssinn. Für alle Verbesserungen und Verschönerungen, die das Fürstentum betreffen, wird Fürst Albert bei seiner Charlene ein offenes Ohr und ihre Zustimmung finden. Damit die Partnerschaft sich harmonischer entwickelt, sollten sich beide genügend Freiräume zugestehen.

   Auch in der Astroanalyse zeigen sich sowohl Gemeinsamkeiten als auch Gegensätze. Da seine Sonne ungünstig zu ihrem Jupiter steht, kann es zu grundlegenden Differenzen in der Weltanschauung kommen und zu unterschiedlichen Meinungen über Religion und Kindererziehung. Ausgleichend wirkt die günstige Aspektverbindung von Mond und Merkur. Es kommt zu einem fließenden Austausch auf der Kommunikationsebene. Durch gegenseitiges Zugestehen von Wünschen und Bedürfnissen werden sie lernen, harmonisch zu koexistieren.

Albert hat in Charlene eine starke Frau gefunden, die keinen Rückhalt nötig hat. Da sein Merkur zu ihrer Venus und zu ihrem Mars in einem schönen Winkel steht, besteht die Möglichkeit zur Kooperation auf allen Ebenen. Charlene hat es leicht, in seine Gedankenwelt vorzudringen, denn ihr Harmoniebedürfnis befindet sich mit seinem Denken im Einklang. In ihrer Beziehung kommt es zu einem liebevollen Verhältnis, das durch viele gemeinsame Interessen Nahrung erhält. Jedoch kann es auch zu emotionalen Konflikten durch den ungünstigen Aspekt von Venus und Mond oder zu Konkurrenzkämpfen durch den beiderseitigen ungünstigen Mars kommen. Doch da sein Jupiter zu ihrem Jupiter und Saturn günstig steht, dürften sie trotz allem eine glückliche Beziehung führen und eine ausgeglichene und gleichberechtigte Partnerschaft mit gegenseitigem Respekt. Sein Saturn steht im besten Winkel zu ihrem Saturn: Zwei von Natur aus aufrichtige Menschen beschreiten parallele Wege und bestärken einander. Sie haben beide in etwa gleiche Vorstellungen über die Partnerschaft und nicht vor, mit den Gefühlen des anderen leichtfertig umzugehen. Durch Uranus ungünstig zu ihrer Venus besteht beinahe eine magnetische Anziehungskraft zwischen ihnen, obwohl sie wenig gemein haben. Auch Neptun in ungünstiger Stellung zu ihrer Sonne zeigt, dass seine Vorschläge nicht immer ihre ungeteilte Zustimmung finden. Einen schönen Winkel bildet wiederum sein Pluto zu ihrem Jupiter. Dies ist ein angenehmer Aspekt, der ihrer Beziehung Tiefe und Leichtigkeit verschafft. Wenn sie sich austauschen, wird das nie oberflächlich geschehen, jeder nimmt den anderen ernst.

Beide können sich weiterentwickeln und viel voneinander lernen. Es kann eine lang andauernde Ehe werden, wenn

sie sich angesichts ihrer Wesensfremdheit Freiräume zugestehen und schon mal ihren eigenen Interessen und
Hobbys nachgehen sowie gegenseitig Rücksicht nehmen
auf ihre unterschiedliche körperliche Verfassung. Dann
wird ihre Beziehung harmonischer und erfüllter sein.

König Edward & Wallis Simpson

Die wohl dramatischste und romantischste Liebesgeschich-
te des zwanzigsten Jahrhunderts war die des Königs Ed-
wards von Großbritannien und der Amerikanerin Wallis
Simpson. Als König Edward VIII. bestieg er am 21. Januar
1936 den Thron. Trotz seines neuen hohen Amtes, war er nicht
bereit, auf seine geliebte Wallis zu verzichten. Denn nachdem
das Parlament und die Anglikanische Kirche abgelehnt hatten,
dass er die Frau, die er über alles liebte, nach ihrer Scheidung
von ihrem zweiten Ehemann Ernest Simpson zu heiraten, über-
raschte er am 11. Dezember 1936 seine Untertanen mit fol-
gender Rundfunkansprache:

„Ich, Edward VIII. von Großbritannien, Irland und
den Britischen Dominions jenseits der Meere, König und
Kaiser von Indien, erkläre hiermit meinen unwiderruf-
lichen Entschluss, dem Thron für mich und meine Nachkommen zu entsagen."

Mit bebender Stimme fügte er hinzu: „Aber glaubt mir,
wenn ich euch sage, dass es mir unmöglich war, die schwere Bürde der Verantwortung auf mich zu nehmen und meine Pflichten als König, so wie ich wollte, zu erfüllen, ohne
die Unterstützung der Frau, die ich liebe."

Die Engländer waren schockiert und entsetzt, jedoch die
restliche Welt feierte das Ereignis als Sieg der Liebe. Doch bis
zur Krönung ihrer Liebe durch eine Eheschließung mussten
sie noch fünf Monate weit voneinander getrennt leben, bis die
Scheidung von Wallis Simpson rechtskräftig war. Dann endlich,
nach schmerzlicher Trennung, konnten sie sich am 3. Juni 1937

im südfranzösischen Candé **das Ja-Wort geben. Als Herzog und Herzogin von Windsor lebten sie glücklich bis an ihr Lebensende.** Die Zeit der schweren Prüfung durch die lange Trennung hat ihrer Liebe nicht geschadet. **Wie sagte Johann Wolfgang von Goethe: „Das ist die wahre Liebe, die immer und immer sich gleich bleibt, wenn man ihr alles gewährt, wenn man ihr alles versagt."**

In seinen Briefen an Wallis schrieb Edward während ihrer Trennung unter anderem:
   „Du bist alles, was ihm auf dieser Welt geblieben ist, und alles, was er sich wünscht." In einem anderen Brief schrieb er: **„Was mir im Leben an Glück beschieden ist, wird für immer mit Dir verbunden sein." Die große seelisch-geistige Rhythmenverwandtschaft von 93 und 94 Prozent bestätigt nochmals, dass die beiden eine große seelische Liebe verband, mit größter geistiger Harmonie und Übereinstimmung,** sowie gemeinsames und gleichzeitiges intuitives Erleben von Schönheit und Kunst, da auch **im Feinsinnigen 74 Prozent bestanden. Nur in der körperlichen Substanz bestanden gerade mal 22 Prozent,** wodurch sie vom Wesen und Temperament sehr unterschiedlich waren, was in ihrem Fall für beide wohl anziehend wirkte, neben ihrer großen Seelenverwandtschaft. Aber bei rhythmenfremden Paaren zur Belastung werden kann. Warum sich Wallis von ihrem Mann Ernest Simpson für den König scheiden ließ, zeigt ihre Rhythmenverwandtschaft. Es verband die beiden zwar eine große Wesensverwandtschaft von 83 Prozent, was auf eine kameradschaftliche Partnerschaft schließen lässt, aber eines tiefen Gefühls entbehrte. Die große Liebe und enge Verbundenheit zwischen Wallis und Edward, die schon durch ihre Rhythmenverwandtschaft zu erkennen ist, wird noch durch ihr Partnerschaftshoroskop, was überwiegend positiv ausfällt und bestätigt, dass beide im anderen die ideale Ergänzung gefunden haben. Zum Beispiel stand ihre Sonne zu seiner Sonne in Konjunktion. Durch diesen Aspekt entstanden eine natürliche Wärme zwischen ihnen und

eine ähnliche Lebensperspektive. Sie konnten durch ihre subjektiven Erfahrungen zur selben Zeit ähnliche Stimmungen haben.

Auch ihr Mond stand günstig zu seinem Neptun, wodurch Wallis ihren idealisierten Traum in Edward verwirklicht sah. So wie der Regen auf fruchtbare Erde fällt, übergoss er sie mit seiner Liebe und sie wuchs zum Ebenbild seines Ideals heran. Bezauberung und gegenseitiges seelisches Verstehen erfüllte die Beziehung.

Sie bewirkte eine Neugeburt seines Bewusstseins. Seine Transformation von der Dunkelheit ins Licht fand er durch sie. Der günstige Saturn-Neptun-Aspekt kann einer Beziehung große Bedeutung und Tiefe geben. Edward sah die Idealisierung seiner Erwartungen in seiner Wallis. Sie lehrte ihn, nach seinen Träumen zu greifen, die seine Zukunft bestimmten.

Lady Diana & Dodi Al-Fayed

Ein tragisches Ende nahm die Liebe zwischen Lady Diana und ihrem ägyptischen Freund, dem Millionärssohn Dodi Al-Fayed, am 31. August 1997 durch einen Autounfall in Paris. Wie bei dem Herzogspaar bestand auch zwischen den beiden eine große Seelenverwandtschaft von 93 Prozent. Die kurze und glückliche Beziehung hätte für die beiden nicht nur die Liebe eines schönen und romantischen Sommers bleiben können, sondern es bestand durchaus aufgrund ihrer Rhythmenverwandtschaft die Chance, **die Liebe ihres Lebens zu werden,** die Diana zu einer selbstbewussten Schönheit hätte erblühen lassen. Wenn auch ihre Wesensverwandtschaft nur 30 Prozent betrug, so gab es doch durchschnittliche gemeinsame geistige und feinsinnige Interessen und Übereinstimmungen von 52 und 42 Prozent. Was Lady Diana bei ihrem rhythmenfremden und untreuen Ex-Ehemann Prinz Charles versagt blieb, **Liebe, Geborgenheit und Verständnis,** das fand sie bei ihrer neuen Liebe Dodi Al-Fayed. Durch die große

Seelenverwandtschaft fühlten sie sich schon bei ihrer ersten Begegnung ganz stark zueinander hingezogen, wobei sogleich eine Nähe und Vertrautheit entstand. Bei diesem Mann konnten sich Dianas Träume und Sehnsüchte erfüllen und fanden sicherlich gegenseitige Resonanz. Es bestand zwischen ihnen auch eine starke erotische Anziehungskraft. Eine sensible und gefühlsstarke Frau, wie es Diana war, brauchte unbedingt einen seelenverwandten Partner, der sie gefühlsmäßig verstand und auf sie eingehen und trösten konnte bei emotionalen Schwankungen und Erschütterungen.

Auch bei den beiden glaube ich, dass sich nach vielen schmerzvollen und lieblosen Jahren zwei alte liebende Seelen aus einem früheren Leben wiedergefunden haben, um noch einmal ein paar glückliche und unbeschwerte Stunden miteinander zu verbringen, bevor sie von dieser irdischen Welt Abschied nahmen. Wie sagt doch ein ägyptisches Sprichwort: **„Wir sind sterblich, wenn wir lieblos sind. Unsterblich, wenn wir lieben. Im Tod führen sich zwei liebende Herzen ins ewige Licht."**

Lady Diana & Prinz Charles

Zwischen Lady Diana und Prinz Charles bestanden nur 4 Prozent in der körperlichen Substanz, 43 Prozent im Seelischen, 52 Prozent im Geistigen und 27 Prozent im Feinsinnigen. Aufgrund ihrer niedrigen Rhythmenverwandtschaft war das Scheitern ihrer Partnerschaft vorprogrammiert, was ich schon am Tage ihrer Verlobung vorausgesagt habe.

Wegen der geringen Rhythmenverwandtschaft mit Charles hatte Diana im Grunde auch keine Chance gegen ihre Rivalin Camilla Parker-Bowles, der langjährigen Geliebten von Charles. Wenn auch Diana ihre Rivalin an Grazie und Schönheit übertraf, gelang es ihr nicht, Charles und Camilla zu trennen. Hier zeigt sich, wie bindend und gefühlsstark eine Rhythmenverwandtschaft zwischen zwei Menschen ist, die sich nicht aufgeben, selbst wenn sie inzwischen mit anderen Partnern verheiratet sind und gemeinsame Kinder haben.

Prinz Charles & Camilla

Zwischen Charles und Camilla besteht in der männlich-körperlichen Substanz eine große Rhythmenverwandtschaft von 74 Prozent, wodurch sie sehr wesensverwandt sind. Als sie sich begegnet sind, war es gleich Sympathie auf den ersten Blick. Es ist mehr eine kameradschaftliche Beziehung mit körperlicher Erfüllung. Diese Partnerschaft entbehrt aber einer tiefen und innigen Seelenverwandtschaft, da sie nur 29 Prozent in der weiblich-seelischen Substanz haben. Auf intellektuell-geistigem und feinsinnigem Gebiet ergänzen die beiden sich zu 46 und 58 Prozent durchschnittlich gut. Nach dem Scheitern der Ehe von Diana und Charles gaben sich Charles und Camilla am 9. April 2005 in einer kleinen Kirche in London das Ja-Wort.

Prinz Andrew & Lady Sarah

Die Ehe zwischen Prinz Andrew und Lady Sarah war ebenso zum Scheitern verurteilt wie die von Charles und Diana, denn es verbindet auch die beiden im Körperlichen nur 4 Prozent, im Seelischen nur 7 Prozent, jedoch im Geistigen 70 Prozent und im Feinsinnigen 32 Prozent. Hier haben sich totale Gegensätze angezogen, die am Anfang einer Beziehung reizvoll sein können, aber früher oder später zur Belastung werden und zur Frustration führen. Die geistigen Gemeinsamkeiten und Übereinstimmungen haben die beiden fälschlicherweise für Liebe gehalten, die aber das Manko an körperlicher und seelischer Harmonie und Erfüllung nicht ausgleichen können. Was sich schon nach wenigen Jahren gezeigt hat, als ihre Ehe wieder geschieden wurde.

William & Kate
Ein Märchen wurde wahr

Es begann im Spätsommer 2001, als sich William und Kate mit 19 Jahren in der University of St. Andrews in Schottland für das Fach Kunstgeschichte einschrieben.
Die erste Zeit sahen sie sich nur selten. Dann kam der Tag, an dem es bei William gefunkt hat. **Es war der 27. März 2002,** als er Kate auf dem Laufsteg bei einer Spaß-Modenschau in St. Andrews in einem reizvollen, durchsichtigen schwarzen Negligé erblickte, darunter trug sie einen schwarzen Bikini. Bei der anschließenden Feier geschah es dann, dass er ihr den ersten zarten Kuss gab. In den nächsten Wochen und Monate, die dann folgten, schwebten sie wie auf Wolken, denn sie hatten sich ineinander verliebt. **Im Herbst 2002 zogen Kate und William in eine Studenten-WG. Im Jahre 2005 machten beide mit Erfolg ihren Uni-Abschluss. Bis zu ihrer Verlobung im November 2010, die schon viel Aufsehen erregte, mussten sie noch fünf Jahre warten. Dann kam endlich ihr großer Tag und die ganze Welt schaute entzückt und gebannt am Fernsehen zu, als Kate und William am 29. April 2011 den Bund fürs Leben schlossen und sich glücksstrahlend das Ja-Wort gaben. Es war die Krönung ihrer großen Liebe, die das schönste, wahr gewordene Märchen des 21. Jahrhunderts ist.**

Meine biorhythmische Partnerschafts-Analyse bestätigt, dass sich hier zwei Menschen aufrichtig und innig lieben und vom Schicksal füreinander bestimmt sind. Denn es bestehen in der männlichen Substanz 83 Prozent und in der weiblichen 64 Prozent. Somit sind die beiden sehr **wesensverwandt** und überdurchschnittlich **seelenverwandt**. Hinzu kommt noch eine **große geistige Übereinstimmung von 88 Prozent,** was für ihre Partnerschaft eine zusätzliche Bereicherung ist, denn sie signalisiert viele Gemeinsamkeiten, ähnliche Interessen und Überzeugungen. Auch verstehen sie sich ohne große Worte, weil sie sich sehr nah und vertraut sind.

In der Nähe des anderen fühlen sich beide glücklich und geborgen. Sie erleben miteinander große körperliche, seelische und geistige Erfüllung. **Auch im Feinsinnig-Intuitiven** ergänzen sie sich mit **42 Prozent** fast durchschnittlich gut.

So übereinstimmend wie die Bio-Analyse zwischen den beiden ist, so zeigt sich auch große Harmonie in der Astro-Analyse, was auf eine glückliche Zukunft der beiden hoffen lässt.

Hier haben zwei Menschen zueinander gefunden, die viel voneinander lernen. Es werden harmonische Umwandlungen stattfinden und positive Leidenschaft wird ein Merkmal ihrer Beziehung sein. Durch ein günstiges Trigon von Sonne und Pluto kann diese Partnerschaft dauerhaft sein. Durch den harmonischen Aspekt von Mond-Jupiter ist ein rücksichtsvoller gegenseitiger Umgang zu erwarten. Dieser Aspekt gibt der Beziehung eine leichte und glückliche Note. Sein Merkur günstig zu ihrem Merkur, Venus und Mars zeigt, dass sie gut miteinander auskommen und sich gegenseitig großes Verständnis entgegenbringen und sich zu geistigen Hochleistungen animieren können. Kate hat es leicht, in Williams Gedankenwelt vorzudringen, denn ihr Harmoniebedürfnis befindet sich mit seinem Denken im Einklang. Auch sie kann sich ihm vertrauensvoll öffnen. Es besteht ein liebevolles Verhältnis zwischen ihnen, das durch viele gemeinsame Interessen Nahrung erhält. Sie hat sehr großen Einfluss auf sein Denken. Beide ergänzen sich sehr gut und können zusammen viel erreichen in allen Unternehmungen. Da sein Mars ungünstig zu ihrem Mond aspektiert ist, könnte es zu sehr auf eine traditionelle Rollenverteilung hinauslaufen, wobei er versucht zu dominieren; sie ist der Ansicht, sie müsse das als Frau akzeptieren, obwohl sie sich sehr unwohl dabei fühlt. Sie sollten über ihre Wünsche und Sehnsucht sprechen, damit es zu keinem Missverständnis kommt. Dagegen zeigt das günstige Mars-Venus-Trigon, dass die Beziehung gut funktioniert, weil er auf ihre Bedürfnisse eingehen kann und auch mal gerne mit ihr am Kamin kuschelt. Mit Freude entdecken beide, wie sie sich selbst leben und gleichzeitig miteinander teilen können.

Dies ist ein ausgezeichneter Aspekt für eine dauerhafte Beziehung. Durch eine Jupiter-Pluto-Konjunktion steigt sie gern in die Abgründe ihres Bewusstseins hinab, aber durch ihn ist der Weg dorthin heller und sinnvoller geworden. Gemeinsam können sie sehr stark sein und all ihre Kräfte immer wieder aufs Neue regenerieren. Hier verbindet sich die leichte, optimistische Haltung des Mannes mit der Tiefe und dem Verstehen der Frau zu einer äußerst intensiven Beziehung. Mit seinem Uranus günstig zu ihrem Merkur und Uranus wirkt seine Individualität auf sie sehr stimulierend. Sein Temperament und sein Idealismus vermitteln ihr Lebensfreude. Er mag ihre intellektuellen Fähigkeiten. Der geistige Austausch zwischen beiden funktioniert gut und ist sicher nie langweilig, so dass die Partnerschaft Bestand haben könnte. Sie sollten sich gut verstehen, denn sie haben beide dieselbe Spritzigkeit; verfügen über Geist und Forschungsdrang und sind für alles Neue offen. Wahrscheinlich werden sie sich auch nicht gegenseitig an die Kette legen, denn jeder will dem anderen genügend Freiraum geben, um sich weiterentwickeln zu können. Sein Neptun aspektiert ihren Saturn und ihren Neptun günstig. Immer wenn William dabei ist, mal wieder der Realität zu entschwinden, kann Kate ihn auf den Boden der Tatsachen zurückholen. Sie tut das sehr einfühlsam, so dass das Erwachen für ihn nicht zu schmerzhaft ist. Außerdem findet sie ihn sehr anziehend, was für sie ein Grund mehr ist, ihn so zu akzeptieren, wie er ist. **Durch seinen Pluto in Konjunktion zu ihrem Saturn kann Kate ihrem William Halt geben und dafür sorgen, dass er seine Stärken konstruktiv nutzt. Durch sie wird er sozusagen vernünftig, weil er endlich einen sicheren Hafen gefunden hat.**

Mein persönlicher Rat:

William sollte seine Kate wie einen kostbaren Schatz hüten, denn alles, was nach ihr kommt, verläuft enttäuschend für ihn. Auch sollte er sich vor Betäubungsmittel hüten, die ihn leicht süchtig machen können.

Victoria & Daniel
Die Krönung einer großen Liebe

Seit acht Jahren kannten und liebten sich die schwedische Kronprinzessin Victoria und der Fitnesstrainer Daniel Westling. Nach anfänglichen Schwierigkeiten und Hindernissen wurde ihre große Liebe am 19. Juni 2010 durch den Bund der Ehe besiegelt.

Nach einer schwierigen Lebensphase begegnete Victoria 2001 ihrem Traummann in seinem Fitnesstudio in Stockholm. Er übernahm sogleich ihre persönliche Betreuung. Aus anfänglicher Sympathie wurde eine innige und große Liebe, die Victoria wieder neuen Lebensmut und Kraft gab, ihre Aufgaben und Pflichten als Thronfolgerin mit Freude und Engagement zu erfüllen. Gemeinsam konnten sie alle Hürden und Hindernisse überwinden, um geduldig auf den großen Tag ihrer Vermählung zu warten – **der die Krönung ihrer großen Liebe wurde.**

Das ist nicht verwunderlich, wenn man die große seelische Rhythmenverwandtschaft der beiden kennt. **Es verbindet sie eine tiefe und innige Seelenverwandtschaft von 86 Prozent,** wodurch eine große Zuneigung, Nähe und Vertrautheit schon bei ihrer ersten Begegnung entstand. Bei diesem Mann hat Victoria Liebe und Geborgenheit gefunden. Ihre Träume und Sehnsüchte finden gegenseitige Erfüllung und Resonanz, denn der Zauber der Liebe umhüllt sie. **Ihre körperliche Rhythmenverwandtschaft beträgt 57 Prozent.** Somit sind sie durchschnittlich wesensverwandt. **Auch im Feinsinnigkeits-Rhythmus,** der über den Geschmacks- und Schönheitssinn, aussagt, **bestehen 58 Prozent.** Ihr gemeinsames intuitives Erleben von Schönheit und Kunst ist durchschnittlich gut. **Jedoch vom Intellektuell-Geistigen ergänzen sie sich nur zu 27 Prozent.** Dadurch können sie unterschiedliche Ansichten und Meinungen haben, was aber durch ihre große Seelenverwandtschaft kompensiert wird, da zwischen Liebenden größere Toleranz und Kompromissbereitschaft besteht.

Wie sich biorhythmisch bei den beiden überwiegend Übereinstimmung zeigt, so findet die Analyse nochmals Bestätigung durch die günstigen Sternenkonstellationen im Partnerschaftshoroskop. Da ihre Geburts-Sonnen in einem harmonischen Sextil zueinander stehen, haben sich hier zwei Menschen auf eine angenehme Weise miteinander verbunden, die ihre gegenseitige Persönlichkeitsentwicklung fördern wird, um beständig und dauerhaft zu sein. Allerdings steht seine Sonne in einem ungünstigen Quadrat zu ihrem Jupiter. Um Konflikte zu vermeiden, sollten sie sich individuelle Freiheit zugestehen. Gemeinsame kreative Aktivitäten würden die Basis der Zweisamkeit festigen. Ihre große Seelenverwandtschaft wird nochmals durch ihre beiden Geburtsmonde, die in einem schönen Sextil zueinander stehen, bestärkt. Es bedeutet, dass beide gefühlsmäßig miteinander verschmelzen. Die weibliche Komponente kommt bei beiden verstärkt zum Ausdruck. Er kann ihr stundenlang zuhören und weiß immer, was sie sich wünscht, während sie intuitiv versteht, was in ihm vorgeht. Voller Hingabe zueinander werden beide Freude daran haben, ihr Leben gemeinsam kreativ zu gestalten. Doch durch Merkur Quadrat Mond kann es schon mal zu Kommunikationsschwierigkeiten kommen. Jedoch durch Venus Trigon Mond ist ein extrem feinfühliger Umgang der beiden zu beobachten. Ihre Gefühlswelt wird bereichert durch seine kreativen Impulse. Ihre Partnerschaft wird niemals langweilig, manchmal sogar rastlos sein. Daniel wird Victoria eine wertvolle Hilfe sein. Sie respektieren und ergänzen sich. Sie hat das beruhigende Gefühl, sich auf ihn verlassen zu können und weiß, wie wichtig es ist, selbst bei Differenzen zusammenhalten zu können. Ihre Unterhaltung ist nie oberflächlich, sondern sie gehen den Dingen auf den Grund. Sie fühlt sich von ihm sehr angezogen, denn seine Kraft und Willensstärke imponieren ihr und können sie ein wenig mitreißen. **Aufgrund dieser positiven Bio-Astro-Analyse werden die beiden eine liebevolle und harmonische Ehe**

führen auf dem sicheren Fundament einer großen seelischen Liebe.

Die Liebe zwischen zwei Menschen ist das größte und wertvollste Geschenk im Leben, das mit nichts aufzuwerten ist – weder mit Reichtum noch mit Erfolg. Darum lohnt es sich, dafür zu kämpfen.

Prinz Joachim & Prinzessin Alexandra

Die Ehe zwischen Prinz Joachim von Dänemark und Prinzessin Alexandra musste aufgrund ihrer Rhythmenfremdheit scheitern und nicht wegen ihrer unterschiedlichen Mentalität. Rein optisch waren sie ein schönes Paar, aber von ihrem Wesen und Gefühl und von ihrer geistigen Einstellung ergänzten und harmonierten sie überhaupt nicht miteinander, da alle Rhythmen weit unter dem Durchschnitt liegen. **Es verbinden sie körperlich nur 22 Prozent, seelisch nur 21 Prozent, intellektuell-geistig nur 27 Prozent und feinsinnig nur 10 Prozent. Hier haben sich totale Gegensätze angezogen, wodurch die Partnerschaft scheitern musste.**

Kronprinz Frederik & Prinzessin Mary

Dagegen sieht die Ehe von seinem Bruder Kronprinz Frederik von Dänemark und seiner Mary positiver und hoffnungsvoller aus, wenn sie sich auch nicht in allen Rhythmen ergänzen. Es verbindet sie in der männlich-körperlichen Substanz 39 Prozent, in der weiblich-seelischen 57 Prozent, in der intellektuell-geistigen 82 Prozent und im Feinsinnigen 5 Prozent. Was in dieser Partnerschaft wirklich verbindet, ist die seelisch-geistige Harmonie, die für zwei sensible Menschen besonders wichtig

ist, da sie einfühlsamer und rücksichtsvoller miteinander umgehen.

König Willem-Alexander & Königin Maxima

Nicht nur ein schönes und strahlendes Paar sind König Willem-Alexander der Niederlande und die gebürtige Argentinierin Königin Maxima. Am 2. Februar 2002 konnte die ganze Welt die Trauung der beiden am Bildschirm miterleben. An ihren glückstrahlenden Gesichtern sah man, dass sich hier zwei liebende Menschen das Ja-Wort geben, die füreinander bestimmt sind.

Wird ihre Liebe von Dauer sein und alle Schwierigkeiten und Belastungen überstehen? – das fragte auch ich mich. Sogleich begab ich mich an die Ausarbeitung einer **Bio-Astro-Analyse** und konnte feststellen, dass sie ein Traumpaar sind – wenn auch mit einer gewissen Einschränkung, da sie nur zu **22 Prozent wesensverwandt** sind und somit unterschiedliche Stärken und Schwächen haben. Es kann aber für ihre Partnerschaft motivierend und beflügelnd sein, da die anderen Rhythmen sehr übereinstimmend sind. Denn es verbindet sie eine tiefe und innige **Seelenverwandtschaft von 79 Prozent.** Dadurch sind sie sich gefühlsmäßig sehr ähnlich und von Herzen zugetan. Auch besteht zwischen ihnen eine sinnlich-erotische Anziehung. Ihre Träume und Sehnsüchte finden somit Resonanz beim Partner. Hinzu kommt eine **große geistige Übereinstimmung von 76 Prozent,** die gleiche Interessen und Meinungen signalisiert. Sie verstehen sich auch ohne Worte. **Eine ebenso schöne Übereinstimmung besteht im Geschmacks- und Schönheitssinn von 95 Prozent,** was eine zusätzliche Bereicherung für ihre Partnerschaft ist, da ihr Stil, Farben- und Formensinn übereinstimmen. Somit kann durch die große Übereinstimmung im Seelisch-Geistigen und im Feinsinnigen das Manko an Wesensverwandtschaft ausgleichend sein. Zumal wenn sie kompromissbereit sind, Verständnis und Mitgefühl für die temporäre Verfassung des anderen zeigen. Nur dann wird ihre Partnerschaft auch in der Zukunft glücklich und harmonisch bleiben.

Auch das Partnerschaftshoroskop der beiden zeigt überwiegend verbindende Aspekte an – aber auch einige Dissonanzen. Durch seine Sonne im Quadrat zu ihrem Mars wird ihnen früher oder später die Verschiedenheit ihrer Charaktere bewusst. Ein günstiger Merkur-Mond- und Mars-Mond-Aspekt lässt sie anregend miteinander kommunizieren. Die gegenseitige Verständigung ist sehr gut. Großes Verständnis zeigt er für ihre Gefühlswelt. **Sie fühlt sich bei ihm geborgen und das stachelt ihn zu Höchstleistungen an. Außerdem liest er ihr jeden Wunsch von den Augen ab. Im Gegenzug folgt sie intuitiv seinen Gedankengängen und sorgt für genügend weibliche Impulse in seinem Leben.** Der schöne Jupiter-Sonne-Aspekt bringt Weisheit und Umsicht und fördert Harmonie und Enthusiasmus in ihrer Beziehung. **Es besteht Ehrlichkeit, gegenseitige Achtung und absolutes Vertrauen zwischen ihnen.** Durch seinen überschäumenden Elan erlebt sie die Erfüllung ihres Lebenspotentials. Bei diesem Glücksaspekt ist er in der Lage, ihre Wünsche zu erkennen und zu ihrer Persönlichkeitsentwicklung beizutragen. Seine Handlungen sind von einem tiefen Wohlwollen für sie gekennzeichnet. Durch einen ungünstigen Jupiter-Venus-Aspekt muss sie lernen, ihn nicht einzuschränken. Er vermisst mitunter Toleranz und eine liberale Weltanschauung in den Gesprächen mit ihr. Die Chancen für ein harmonisches Zusammenleben könnten erhöht werden, wenn sie sich auf seine Gedanken einlassen und seine Einstellung teilen würde. Ein günstiger Jupiter-Saturn-Aspekt trägt dazu bei, dass sie zu dem stabilen Fundament wird, das er für seine Ideen und sein expansives Wesen braucht. **In ihrer Partnerschaft herrscht eine positive Grundeinstellung, da sie gut miteinander harmonieren. Ein Gegenseitiger Respekt macht die besondere Würze aus.** Der angenehme Jupiter-Pluto-Aspekt schenkt ihrer Beziehung Tiefe und Leichtigkeit zugleich. Beide können sich weiterentwickeln und viel voneinander lernen. **Ihre Stärke beeindruckt ihn sehr** und regt ihn zu Gedanken an, die ihn sogar verändern können. **Sie wird ihm eine große Hilfe sein und ihn sehr unterstützen.**

Ihre Kommunikation wird nie oberflächlich sein, denn jeder nimmt den anderen ernst. **Ihre Partnerschaft kann lang andauernd – wenn nicht für immer bestehen bleiben, weil keiner Angst hat, man könne sich verlieren.** Durch ein Neptun-Mond-Quadrat wird es ihnen nicht leicht gemacht, die Realitäten zu sehen. An Probleme gehen sie nur mit ihren Gefühlen heran, weswegen selten konstruktive Lösungen gefunden werden. Sie sollten sich der Problematik mit dem Verstand nähern und bereit sein, unschöne Wahrheiten zu akzeptieren. Durch seinen Neptun in Opposition zu ihrer Sonne wird er sich phantasievoll um die Entwicklung ihrer Persönlichkeit bemühen, da er sehr einfühlsam ist. **Faszination, Bezauberung und mystische Sehnsucht sind Teil ihrer Beziehung, aber sie hat das Gefühl, kämpfen zu müssen, wenn sie sich ihre realistische Urteilskraft erhalten will.** Da sein Neptun in Opposition zu ihrem Saturn steht, fällt es ihr möglicherweise schwer, in seiner Gegenwart zu klaren und logischen Gedanken zu kommen, was wohl auf seine Ausstrahlung auf sie zurückzuführen ist. **Er sollte erkennen, dass ihre realistische Lebenseinstellung für sie eben genau die richtige ist und sie niemals zu einer Märchenprinzessin wird, sondern die Prinzessin bzw. Königin ist, die bereit ist, mit ihm gemeinsam das Leben und ihre königlichen Aufgaben charmant und selbstbewusst zu meistern.**

Exkönigin Beatrix & Prinz Claus

Auch Ex-Königin Beatrix, die Mutter von Willem-Alexander, fand ihre große Liebe im Ausland bei dem deutschen Diplomaten

Claus von Amsberg. Sie schenkte ihm und ihrem Land nach zwei Generationen wieder männliche Nachkommen. Doch ihr unbeschwertes Glück wurde durch eine schwere Krankheit ihres Mannes überschattet. Jedoch ihre Liebe und Zuneigung füreinander hielt bis zu jenem Tag, an dem Prinz Claus von seinem Leiden erlöst wurde. Inzwischen haben ihr Maxima und Willem-Alexander drei reizende Enkeltöchter geschenkt, wie auch die anderen Söhne sie mit Enkelkinder erfreuten. Durch die Liebe ihrer Kinder und Enkelkinder hat Ex-Königin Beatrix ihren Lebensmut und ihr herzliches Lachen wieder gefunden. Beatrix und Claus verband eine große Wesensverwandtschaft von 83 Prozent und eine durchschnittliche Seelen- und Geistesverwandtschaft von 50 und 58 Prozent. Nur im Geschmacks- und Schönheitssinn hatten sie 21 Prozent.

Exkönig Juan Carlos & Exkönigin Sofia

Ein königliches Paar, das auch das Leben mit all seinen Höhen und Tiefen und allen Schwierigkeiten gemeinsam gemeistert hat, ist das Ex-Königs-Paar von Spanien, Juan Carlos und Sofia. Durch ihre große Rhythmenverwandtschaft im Körperlichen und Geistigen waren sie ein gutes Team. Sie unterstützten und bestärkten sich gegenseitig bei ihren repräsentativen Aufgaben. Auch schenkten sie ihren Kindern die Liebe, die sie brauchte.

Als die beiden sich zum ersten Mal begegnet sind, müssen sie sogleich eine große Sympathie und Zuneigung füreinander empfunden haben. Denn es verbindet sie von der **männlich-körperlichen Substanz 83 Prozent,** dadurch sind sie **sehr wesensverwandt.** In der gemeinsamen Hochphase konnten sie sich gegenseitig körperliche Belastungen abverlangen, was für ihre Repräsentationspflichten von Vorteil war. **In der weiblich-seelischen Substanz besteht eine durchschnittliche Rhythmenverwandtschaft von 50 Prozent, was keine sehr große und tiefe Liebe und keine erotische Anziehung ent-**

stehen lässt, dagegen aber eine große geistige und feinsinnige Übereinstimmung von 76 und 84 Prozent zeigt. Dadurch haben sie viele gemeinsame Interessen und den gleichen Geschmacks- und Schönheitssinn und konnten somit eine anregende und bereichernde Kommunikation führen. Besonders viel Verständnis und Toleranz wurden Königin Sofia abverlangt, als sie erfahren musste, dass ihr Mann ihr nicht immer treu war und die erotischen Reize bei anderen Frauen suchte und fand – wie man erst später aus den Medien erfuhr, was sein Geburtshoroskop erkennen lässt und auch ihr Horoskop zeigt private Enttäuschungen an.

Aber durch ihre Toleranz und ihr Pflichtbewusstsein erfüllte Sofia weiterhin und gewissenhaft ihre königlichen Pflichten. Ihren Lebensabend verbringt sie nun im Kreise ihrer Kinder und Enkelkinder. Die Liebe zu ihnen erfüllt nun ihr Leben.

König Felipe & Königin Letizia

Leider sieht die Zukunft für das neue Königspaar von Spanien Felipe und Letizia noch weniger hoffnungsvoll aus als bei seinen Eltern. Als die beiden am 22. Mai 2004 getraut wurden, weinte nicht nur der Himmel viele Tränen, sondern ihre Sterne standen auch überwiegend schlecht an diesem Tag. Ebenso negativ sieht die Bio-Astro-Analyse für die beiden aus, die ich schon Wochen zuvor erstellt hatte.

Aufgrund meiner biorhythmischen Partnerschaftsanalyse sind die beiden durch die **polaren Gegensätze in der körperlichen Substanz sehr wesensfremd,** was sich früher oder später durch Gleichgültigkeit und Abneigung bemerkbar machen kann. **Ihre körperliche Übereinstimmung beträgt gerade mal 4 Prozent, wie bei Charles und Diana und Andrew und Sarah.** Bei ihren unterschiedlichen Lebenseinstellungen und Temperamenten bedarf es großer Anpassungsbereitschaft und Toleranz, um miteinander leben zu können. Hinzu kommt noch die **geringe seelische Übereinstimmung von nur 29 Prozent, die das Manko an Wesensverwandtschaft nicht ausgleichen kann und zu Verstimmungen, Enttäuschungen und Frustration im Gefühlsbereich führen und zu innerer Einsamkeit und Leere.** Durch die geringe Seelenverwandtschaft bleiben ihre **Träume, Hoffnungen und Sehnsüchte meistens unerfüllt,** da sie kaum Resonanz beim Partner finden. Der Mangel an gemeinsam erlebten Empfindungen wird zu einer zusätzlichen Belastung ihrer Partnerschaft. **Nur im intellektuell-geistigen Bereich besteht eine durchschnittliche Übereinstimmung von 58 Prozent.** In ihren Interessen und Weltanschauungen ergänzen sie sich durchschnittlich gut. Somit ist die Bereitschaft zur Kommunikation grundsätzlich vorhanden. Dagegen besteht im **Feinsinnigkeitsrhythmus so gut wie keine Übereinstimmung. Es sind gerade mal 5 Prozent.** Somit haben sie auch einen unterschiedlichen Geschmacks- und Schönheitssinn.

Wenn die beiden mich zuvor gefragt hätten, so hätte ich von einer Eheschließung unbedingt abgeraten, da sie eher rhythmenfremd als rhythmenverwandt sind. Hier haben sich die Gegensätze angezogen, was am Anfang einer Beziehung reizvoll sein kann und die Neugierde weckt, aber in der Zukunft zur Belastung wird, wie ich schon zuvor bei anderen Paaren erwähnt habe. Spannungen und Krisen, Enttäuschungen und Versöhnungen wechseln einander ab. Ein harmonisches Miteinander wird es auf Zeit kaum geben. Bei dieser Rhythmenfremdheit wird ihnen größte Toleranz und Kompromissbereitschaft abverlangt.

Auch das Partnerschaftshoroskop zeigt überwiegend belastende und disharmonische Aspekte an, mit nur wenigen erfreulichen Aspekten.
Durch seine Sonne in Opposition zu ihrer Venus kann es zu Herausforderungen und Konflikten kommen sowie zu frustrie-

renden Liebeserlebnissen. **Er weiß einfach nicht, wie er dem Bild entsprechen soll, das sie von ihm hat**. Er hat bisweilen das Gefühl, als würde sie ihn mit ihren Erwartungen, die er beileibe nicht immer alle erfüllen kann, erdrücken. **Wenn beide es schaffen, sich gegenseitig Freiheiten zuzugestehen, wird diese Beziehung Impulse bekommen, von denen ein rücksichtsvoller gegenseitiger Umgang zu erwarten ist.**

Ein günstiger Merkur-Jupiter-Aspekt ist eine schöne Kombination, denn hier harmoniert sein praktisches Denken mit ihrer Weltanschauung. Beide kommen zu Erkenntnissen, die sie ohne den anderen nie gehabt hätten. Da sein Mars ungünstig zu ihrem Merkur, Mars und Saturn aspektiert ist, kann es zu spannungsreichen Konflikten kommen. Seine Wünsche und Bedürfnisse finden kaum Erfüllung bei ihrer eher intellektuellen Einstellung. Auch wird sein Tatendrang durch ihre geistige Haltung gebremst. Bei den daraus resultierenden Streitereien könnten schon mal die Fetzen fliegen. Sie befinden sich häufig in einer Art Wettbewerb. Dadurch kann es zu Konkurrenzkämpfen kommen. Sie müssen lernen zusammenzuarbeiten, denn gemeinsam können sie viel erreichen. Er hat Mut und sie besitzt die nötige Reife, um vernünftige Entscheidungen zu treffen, so dass sie zusammen Erfolg haben. **Durch den ungünstigen Jupiter-Neptun-Aspekt könnte es zu großer Verwirrung kommen, durch die am Ende keiner mehr weiß, warum die Beziehung zustande kam und wie es weitergehen soll. Die Überlebenschancen ihrer Beziehung hängen von der Ehrlichkeit und Kompromissbereitschaft beider ab, was durch ein günstiges Saturn-Venus-Trigon hoffen lässt.** Doch durch den ungünstigen Jupiter-Uranus-Einfluss prallen oft ihre unterschiedlichen Lebensanschauungen aufeinander, und da Zugeständnisse von keinem gern gemacht werden, wird es wohl häufig zu Streit kommen. Für ihn zählt nicht nur sie, sondern auch seine vielen Freunde. Da aber sein Uranus ihren Neptun günstig aspektiert, können sie intellektuell kommunizieren und gemeinsam vor sich hinträumen. Sie sorgt für Kreativität und Phantasie in der Partnerschaft, während er

Spontanität und originelles Denken mitbringt. Sie sollten ein gemeinsames sinnvolles Projekt finden, in das sie ihren Ideenreichtum kanalisieren können. Ihr Denken beschäftigt sich mit der Zukunft und sie entdecken, was ein **soziales Gewissen** ist. Gemeinsam haben sie viel Energie und wenn sie ihren Tatendrang nicht übertreiben, können sie erfolgreich sein. Ihre Partnerschaft läuft sehr temperamentvoll ab. **Letizia sollte sich aber damit abfinden, dass sie bei diesem Mann nicht die benötigte emotionale Geborgenheit findet, was zu Enttäuschungen führt.**

Diese Partnerschaft ist eine große Herausforderung für beide, doch besteht die Chance zu persönlichem Wachstum, wenn die Krisen gemeistert werden.

Wie sich die Rhythmenfremdheit in der Partnerschaft auswirkt

Bei großer Rhythmenfremdheit in der Partnerschaft gibt es keine wirkliche Harmonie, Verständigung, Nähe und Aufrichtigkeit. Jeder spielt dem anderen mehr oder weniger nur was vor, um das Zusammenleben einigermaßen erträglich zu machen. Selbst nach zwanzig Ehejahren oder mehr bleiben sich die Partner fremd. Es besteht immer eine unsichtbare Wand zwischen ihnen, wenn sie sich auch noch so bemühen. Bei einer rhythmenfremden Partnerschaft gibt es kein Miteinander, eher ein Gegeneinander. Im Grunde lebt jeder in seiner eigenen Welt, wobei sie sich einsam und heimatlos fühlen, da sie in der Partnerschaft Geborgenheit und Wärme vermissen. Bei Problemen kann man vom Partner kein Verständnis und Mitgefühl erwarten. Das Gegenteil ist oft der Fall, man fühlt sich unverstanden und alleingelassen. Und von der Außenwelt ist erst recht kein Verständnis und Mitgefühl sowie auch keine Hilfe zu erwarten. Die meisten Menschen stellen sich blind und taub für die Probleme der anderen, da sie ihre eigenen Probleme zu bewältigen haben. **Weder Psychologen noch Eheberater können mit noch so guten Ratschlägen bei einer rhythmenfremden Partnerschaft helfen. Denn wo keine echten Gefühle vorhanden sind, kann man auch keine vom Partner erwarten.** In einer rhythmenfremden Partnerschaft fühlen sich die Partner oft provoziert oder missverstanden, und ihre guten Eigenschaften kommen in einer solchen Beziehung erst gar nicht zum Vorschein. **In meiner dreißigjährigen Praxis habe ich erkannt, dass es eine persönliche Schuld bei rhythmenfremden Ehepartnern nicht gibt, wenn es zu einem Zerwürfnis oder zur Trennung kommt. Die wahre Ursache für die Disharmonie liegt in der Rhythmenfremdheit der beiden.** Die meisten rhythmenfremden Partnerschaften entstehen, weil die Partner sich oft in ein Bild verliebt haben, aber nicht in die Person, die ihnen nie das geben kann, was sie in sie projizierten. Ihre Polaritäten in den Rhythmen verhindern ein harmonisches und liebevolles Miteinander und eine verständnisvolle und bereichernde Kommunikation. So kommt es, dass sich zwei Menschen immer mehr voneinander entfernen und stumm nebeneinander dahinleben und sich belügen und betrügen. **Jeder Mensch kann sich nur von seiner besten Seite zeigen, wenn er sich *angenommen, geliebt, respektiert* und *verstanden* fühlt, so wie er ist. In einer rhythmenfremden Partnerschaft sollten sich die Partner genügend Freiräume zugestehen, damit jeder seinen Hobbys nachgehen kann, um dort die Erfüllung zu finden, die ihnen in der Partnerschaft versagt bleiben.**

Gescheiterte rhythmenfremde Partnerschaften

Die nun folgenden mehr oder weniger rhythmenfremde und gescheiterte Partnerschaften sind der beste Beweis, dass kein wirkliches dauerhaftes Glück zu erwarten ist. Eine Rhythmenverwandtschaft unter dem Durchschnitt bildet kein sicheres Fundament für eine glückliche, harmonische und erfüllte Partnerschaft.

Peter Hofmann & Deborah Sasson

Vor 27 Jahren habe ich aufgrund der Rhythmenfremdheit zwischen dem Opernsänger **Peter Hofmann** (vor einigen Jahren verstorben) und seiner geschiedenen Frau, der Opernsängerin **Deborah Sasson,** das Scheitern ihrer Ehe prophezeit. Obwohl sie den gleichen künstlerischen Beruf ausübten, hatten sie doch total unterschiedliches künstlerisches Empfinden. Auch gefühlsmäßig und geistig fühlte sich jeder im Grunde isoliert, einsam und unverstanden. Ihre Ansichten und Meinungen gingen oft auseinander. Eine Künstlerpartnerschaft kann nur fruchtbar und bereichernd sein, wenn sie sehr seelen- und geistesverwandt ist und feinsinnige-intuitive Schwingungen besitzt. Die feinsinnigen Schwingungen bestanden zwar bei ihnen, die aber allein für eine glückliche Partnerschaft nicht ausreichen.

Das prozentuale Verhältnis zwischen den beiden betrug im Körperlichen 57 Prozent, im Seelischen 14 Prozent, im Geistigen 33 Prozent und im Feinsinnigen 79 Prozent.

David Hasselhoff & Pamela Bach

Schon im August 1990 habe ich in einem Artikel eine prozentuale Partnerschaftsanalyse über David Hasselhoff und seine Pamela veröffentlicht.

Aufgrund ihrer Rhythmenfremdheit sah ich das Scheitern ihrer Ehe voraus, denn im Körperlichen haben sie nur 22 Prozent, im Seelischen 43 Prozent, im Geistigen gerade mal 3 Prozent und im Feinsinnigen 79 Prozent. Bis auf den Feinsinnigkeitsrhythmus liegen die drei wichtigsten Rhythmen z. T. weit unter dem Durchschnitt. In dieser Ehe gab es keine wirkliche Harmonie – geschweige Erfüllung. Jeder fühlte sich im Grunde einsam und unverstanden.

Nach einigen Jahren ließen sie sich wieder scheiden.

Anja Schüte & Roland Kaiser

Im April 1990 habe ich in einer Zeitschrift vor der Hochzeit von Anja Schüte und Roland Kaiser, die im Mai desselben Jahres stattfinden sollte, mit einer Analyse und folgenden Worten eindringlich gewarnt: Anja Schüte und Roland Kaiser sollten ihre Hochzeit, die für Mai auf der Nordseeinsel Sylt geplant ist, besser abblasen. Die beiden sind eher rhythmenfremd als rhythmenverwandt. Demzufolge wird sie nicht frei von Spannungen und Krisen sein. Sie haben keine gleiche Wellenlänge. Besonders bei Künstlern und kreativen Menschen, die oft von starken Emotionen geleitet werden, kann das zu gravierenden Enttäuschungen führen. Auch die sinnlich-erotische Anziehungskraft fehlt. Träume und Sehnsüchte werden vom Partner nicht beachtet. Dadurch kann wirklich keine innere Verbundenheit entstehen. Anja und Roland finden weder große körperliche noch seelische Erfüllung. Nach meinen Berechnungen verläuft die Partnerschaft disharmonisch. Dazu kommt, dass die geistige Übereinstimmung gering ist. Ihre Ansichten und Interessen sind zu verschieden. **Ich rate von der Eheschließung unbedingt ab. Die beiden sollten Freunde bleiben, um sich Enttäuschungen und Tränen zu ersparen.**

Die prozentualen Übereinstimmungen im körperlichen Bereich sind 13 Prozent, im seelischen 29 Prozent, im geistigen 39 Prozent und im feinsinnigen 27 Prozent.

Genau wie ich vorausgesagt hatte, verlief die Ehe sehr disharmonisch. Auch diese beiden ließen sich nach einigen Jahren scheiden.

Birgit Schrowange & Markus Lanz

Ähnlich erging es Birgit Schrowange und Markus Lanz, wenn auch ihre Rhythmenverwandtschaft etwas besser aussieht als bei Anja Schüte und Roland Kaiser, doch auch nicht ausreichend ist für eine erfüllte, dauerhafte und glückliche Partnerschaft. Es war nicht der große Altersunterschied von elf Jahren, der das Liebes-Aus verursacht hat, sondern ausschlaggebend war ihre **geringe substanzielle Rhythmenverwandtschaft von 48 Prozent im Körperlichen und 43 Prozent im Seelischen.** Es ist ein knapper Durchschnitt, der keine großen und tiefen Gefühle entstehen lässt, zumal wenn der erste Rausch vorüber und der Alltag wieder eingekehrt ist. **Was die beiden in Wirklichkeit zueinander finden ließ, war ihre große geistige Übereinstimmung von Gedanken, Meinungen und Interessen, die 82 Prozent beträgt. Auch im Geschmacks- und Schönheitssinn ergänzten sie sich zu 68 Prozent, doch**

die Gefühle blieben mehr oder weniger unerfüllt. Nach acht Jahren trennten auch sie sich.

Isabell Varell & Drafi Deutscher

Nicht anders erging es Isabell Varell und Drafi Deutscher, die eine überdurchschnittliche Wesensverwandtschaft von 65 Prozent hatten. Dadurch haben sie sich körperlich angezogen. Jedoch die seelische Übereinstimmung ergab nur **29 Prozent,** wodurch keine tiefen Gefühle füreinander entstehen konnten und keine innere Bindung. Zusätzlich belastend war die geringe geistige Übereinstimmung von nur **9 Prozent.** Hier liefen nicht nur ihre Rhythmen konträr, sondern auch ihre Ansichten und Meinungen. Auch im feinsinnigen Bereich gab es kaum Übereinstimmung von Farben, Formen, Tönen und Düften, denn sie hatten nur **27 Prozent.** Auch die beiden trennten sich nach wenigen Jahren wieder.

Romy Schneider & Alain Delon

Auch Romy Schneider hätte ich von einer Liebschaft mit Alain Delon unbedingt abgeraten, um ihr späteres Leid zu ersparen. Denn die beiden passten rein biorhythmisch überhaupt nicht zusammen.
  Wie so oft haben sich auch bei den beiden die Gegensätze angezogen, was aber schon bald zu Schwierigkeiten und Enttäuschungen führte und letztendlich zur Trennung.

Ihr prozentuales Verhältnis sah wie folgt aus:

körperlich	**30 % – große Wesensfremdheit**
seelisch	**0 %– keine seelische Bindung**
geistig	**64 % – z. T. gute geistige Ergänzung**
feinsinnig	**27 % – kein gemeinsames intuitives Erleben**

Romy Schneider & Harry Meyen

Ebenso hätte ich Romy Schneider von einer Eheschließung mit Harry Meyen abgeraten. Diese Ehe musste aufgrund ihrer Rhythmenfremdheit in eine Katastrophe enden. Auch sie trennten sich nach einigen Jahren. Ein paar Jahre später hat sich ihr Exmann erhängt. Am Ende verlor **Romy Schneider auch noch ihren geliebten Sohn durch einen tragischen Unfall, woran sie seelisch zerbrach.**

Hier ihre Rhythmenverwandtschaft mit Harry Meyen:

körperlich   39 % – große Wesensfremdheit
seelisch   14 % – keine innere Verbundenheit
geistig   27 % – keine geistige Ergänzung
feinsinnig   68 % – z. T. gemeinsamer Geschmack

Magda Schneider & Wolf Albach Retty

Bei den Eltern von Romy Schneider – Magda Schneider und Wolf Albach Retty (beide bekannte Schauspieler aus der Ufa-Zeit) – war das Scheitern ihrer Ehe schon nach wenigen Jahren durch ihre Rhythmenfremdheit vorbestimmt, worunter am meisten Romy litt, denn sie verbrachte ihre Kindheit im Internat.

Ihr prozentuales Verhältnis sah wie folgt aus:

körperlich   22 % – große Wesensfremdheit
seelisch   14 % – große Seelenfremdheit
geistig   46 % – geistige Übereinstimmungen zu gering
feinsinnig   37 % – kein gemeinsamer Schönheitssinn

Maria Schell & Veit Relin

Auch Maria Schell hatte kein Glück bei der Wahl ihrer Ehemänner und Männerbekanntschaften. Mit ihrem letzten Ehemann Veit Relin – einem Theaterintendanten – ergänzte sie sich im Körperlichen 22 Prozent, im Seelischen 29 Prozent, allerdings im Geistigen und Feinsinnigen waren es 88 und 79 Prozent. Von der künstlerischen und geistigen Einstellung harmonierten sie sicherlich sehr gut miteinander – aber die körperliche und seelische Anziehungskraft war zu gering, so dass sich ihr Mann schon bald für andere Frauen interessierte.

Ähnlich wäre es ihr auch mit dem Schauspieler Glenn Ford ergangen, wenn sie sein Heiratsangebot angenommen hätte. Auch mit ihm ergänzte sie sich körperlich nur zu 48 Prozent, seelisch zu 43 Prozent, geistig zu 70 Prozent und feinsinnig zu 89 Prozent. Auch diese Ehe wäre ohne Höhen und Tiefen verlaufen – ohne starke innige Gefühle füreinander.

Elvis Presley & Priscilla

Ebenso zum Scheitern war die Ehe von Elvis und seiner schönen jungen Frau Priscilla bestimmt, denn auch ihre Rhythmenverwandtschaft war zu gering, als dass sie auf lange Sicht miteinander hätten glücklich sein können.

Von der körperlichen Substanz verband sie 48 Prozent und von der seelischen Übereinstimmung 36 Prozent.

Was zu gering ist, um große Gefühle, geschweige echte Liebe füreinander zu empfinden.

Sie waren mehr oder weniger wesens- und seelenfremd.

Darum suchte er die Erfüllung bei anderen Frauen. Nur geistig ergänzten und verstanden sie sich zu 64 Prozent überdurchschnittlich gut. Aber auch der Feinsinnigkeits-

Rhythmus von 42 Prozent lag unter dem Durchschnitt wie die beiden Substanzrhythmen.

Gustav & Helga Scholz

Besonders tragisch wirkte sich die Rhythmenfremdheit bei dem Ehepaar Bubi Scholz (ehemaliger erfolgreicher deutscher Boxer) und seiner Frau Helga aus. In einem Streit erschoss er sie durch die Tür der Toilette, wohin sie sich vor ihrem gewalttätigen Mann geflüchtet hatte.

Ständige Streitereien waren auch bei dem rhythmenfremden Ehepaar Scholz üblich. Bis zu jenem verhängnisvollen Tag, als der letzte Streit eskalierte und Bubi Scholz auf seine Frau mehrere Schüsse abgab, die tödlich für sie waren. Seine Gewaltausbrüche sind auch aus seinem Geburtshoroskop zu erkennen, denn Sonne, Saturn und Uranus standen in einem ungünstigen Winkel zu seinem Pluto, dem Planeten, wenn er negativ aspektiert ist, der zu rücksichtsloser Gewalt neigt. Außerdem hatte er auch Trennungsaspekte für die Ehe in seinem Geburtshoroskop.

Ihr prozentuales Verhältnis sah wie folgt aus:

körperlich	**30 % – große Wesensfremdheit**
seelisch	**29 % – große Seelenfremdheit**
intellekt.- geistig	**21 % – keine geistige Übereinstimmung**
feinsinnig	**68 % – überdurchschnittlich**

Anmerkung:

Wenn man schon das Pech hat, einen rhythmenfremden Partner geheiratet zu haben, dann ist die Partnerschaft umso schwerer zu ertragen, wenn der Partner zu Gewalt neigt. *Diese Menschen sind doppelt gestraft.*

Oft will es das Schicksal, dass sich manche Paare nicht trennen können, sei es aus gesundheitlichen oder aus finanziellen Gründen.

Um sich dieses freud- und lieblose sowie gewalttätige Leben zu ersparen, kann ich nur allen Menschen eindringlich dazu raten, rechtzeitig, bevor sie heiraten, eine Bio-Astro-Analyse von sich und dem Partner oder Partnerin von einem Experten erstellen zu lassen. Dann erfahren sie auch, ob die Person suchtgefährdet ist oder zur Untreue neigt.

Rechnerische Grundlage
für ein Bio-Rhythmogramm

In den folgenden Zeilen werde ich nun die Berechnung der vier Biozahlen an einem praktischen Beispiel erläutern.

Angenommen, der Proband wäre am **8. September 1940** geboren und es soll für ihn ein Rhythmogramm ab **1. Juni 2000** angefertigt werden. Dazu erstelle ich folgende Berechnungen:

Zuerst rechne ich die verflossene Lebenszeit in Tagen aus, wobei die Schaltjahre zu beachten sind. Das ergibt für die Zeit vom 8. September 1940 bis zum 1. Juni 2000:

59 volle Jahre .... **21535 Tage**
14 Schaltjahre (von 1944 bis 1996) .... **14 Tage**
Resttage vom 8. 9.1999 bis zum 1. 6.2000
(einschließlich Geburtstag) .... **268 Tage**
.... **= 21817 Tage**

Um nun an den Rhythmenstand des Stichtages, des 1. Juni 2000, heranzukommen, muss ich nun weiterhin folgende Divisionen vornehmen:

1. für den männlichen Rhythmus   (23 Tage):
          21817 : 23 = 948,   Rest 13,
2. für den weiblichen Rhythmus   (28 Tage):
          21817 : 28 = 779,   Rest 5,
3. für den Intellektrhythmus   (33 Tage):
          21817 : 33 = 661,   Rest 4,
4. für den Feinsinnigkeitsrhythmus   (38 Tage):
          21817 : 38 = 574,   Rest 5.

Die gefundenen Reste sind die gesuchten **Biozahlen,** die als Anfangspunkte zur Anfertigung eines Rhythmogramms ab 1. Juni 2000 dienen. Sie lauten also:

für den männlichen Rhythmus: 13
für den weiblichen Rhythmus: 5
für den Intellektrhythmus: 4
für den Feinsinnigkeitsrhythmus: 5

(siehe Bio-Rhythmogramm-Aufzeichnung)

Rechnerische Grundlage
für eine prozentuale Partnerschaftsberechnung

Wie ich schon ausführlich über die rhythmenverwandten und rhythmenfremden Partnerschaften bekannter Persönlichkeiten berichtet habe und über die prozentualen Ergebnisse, so erfahren Sie nun, wie die rechnerische Grundlage aussieht, um ein prozentuales Ergebnis zu erhalten.

Aufgrund der Biozahlen beider Partner, wobei die niedrigere von der höheren Zahl des männlich-körperlichen, weiblich-seelischen, intellektuell-geistigen und feinsinnigen Rhythmus abgezogen wird, entstehen Differenzzahlen. Mit den Differenzzahlen kann man die prozentuale Rhythmenverwandtschaft aus der folgenden Tabelle erfahren (siehe Musterbeispiel):

Musterbeispiel
Biozahlen von beiden Partnern

Partnerin	Partner
M-körperlich 11	M-körperlich 1
W-seelisch 23	W-seelisch 8
I-geistig 17	I-geistig 33
feinsinnig 11	feinsinnig 12

Berechnung der Differenzzahlen
aus den Biozahlen

M-k	W-s	I-g	F
11	23	33	12
-1	-8	-17	-11
10	15	16	1

prozentuales Partnerschaftsergebnis:
M-körperlich W-seelisch I-geistig feinsinnig

13 %	7 %	3 %	95 %

(siehe Partnerschafts-Biorhythmogramm)

Berechnungstabelle
der prozentualen Rhythmenverwandtschaft

Zahl der Differenztage	M-Rhythmus prozentuales Verhältnis	F-Rhythmus prozentuales Verhältnis	F-Rhythmus prozentuales Verhältnis	F-Rhythmus prozentuales Verhältnis
0	100	100	100	100
1	91	93	94	95
2	83	86	88	89
3	74	79	82	84
4	65	71	76	79
5	57	64	70	74
6	48	57	64	68
7	39	50	58	63
8	30	43	52	58
9	22	36	46	53
10	13	29	39	47
11	4	21	33	42
12	4	14	27	37
13	13	7	21	32
14	22	0	15	27
15	30	7	9	21
16	39	14	3	16
17	48	21	3	10
18	57	29	9	5
19	65	36	15	0

20	74	43	21	5
21	83	50	27	10
22	91	57	33	16
23	100	64	39	21
24		71	46	27
25		79	52	32
26		86	58	37
27		93	64	42
28		100	70	47
29			76	53
30			82	58
31			88	63
32			94	68
33			100	74
34				79
35				84
36				89
37				95
38				100

Wissenswertes über die Biorhythmik

Der Entdecker der Biorhythmik – des körperlichen und seelischen Rhythmus – war der Berliner Biologe und Arzt **Dr. Wilhelm Fließ, der von 1858 bis 1928 lebte.** Im Jahre 1900 veröffentlichte er das 584 Seiten umfassendes Werk „Der Ablauf des Lebens". Der Intellekt-Rhythmus wurde 1928 von dem Ingenieur **Dr. Friedrich Teltscher (1885 bis 1949)** entdeckt und später von dem amerikanischen **Professor Rexford Hersey** bestätigt. Jeder, der Anspruch auf Bildung erhebt, kommt heute nicht umhin, sich mit diesem Gedankengut der Biorhythmik vertraut zu machen. Die Wegbereiter dieser jungen Wissenschaft, der Biorhythmenlehre, waren unter anderem auch **Geheimrat Professor Bier und Professor Sauerbruch.** Die Biorhythmik ist somit keine Wahrsagerei – für bestimmte Tage Glück oder Unglück voraussagend –, sondern das Wissen um periodische Auf- und Abbaubewegungen unserer Körperzellen. In diesem Zusammenhang steht eine vermehrte oder verminderte Anreicherung unseres Blutes mit Energiestoffen, wodurch das körperlich-geistige Kräftepotential gesteuert und beeinflusst wird. Da diese Energiewellen von der Geburt bis zum Tode vollkommen regelmäßig schwingen, sind sie vorausberechenbar und dadurch gezielt zu nutzen. Diese Möglichkeit verleiht der Biorhythmik ihren einmaligen Wert als Prognostikum und gleichzeitig als Prophylaktikum für Gesunde und Kranke. In diesem Sinne verstanden, kann die Biorhythmik viel dazu beitragen, unser Leben erfolgreicher, harmonischer und glücklicher zu gestalten und uns vor Misserfolgen und Unglücksfällen zu bewahren.

Den richtigen Zeitpunkt erfassen – ist der Schlüssel zum Erfolg!

Junge oder Mädchen aufgrund der Biorhythmen

Nach der Entdeckung der Biorhythmenlehre durch Dr. Wilhelm Fließ haben Forscher erkannt, dass man durch die Berechnung der Biorhythmen zweier Partner und deren Zusammenfassung zum Zeitpunkt der Empfängnis der Frau das künftige Geschlecht des Kindes erkennen kann. Durch die Erkenntnis von Wilhelm Fließ gibt es im Leben eines jeden Menschen Intervalle von 23 und 28 Tagen, wie schon eingangs beschrieben, die als männliche und weibliche Rhythmen bezeichnet werden und die für die Entstehung des Geschlechts eines Kindes von entscheidender Bedeutung sind. Dabei kommt es auf die 23- und 28-Tage-Rhythmen beider Partner in der Zeit des 11. bis 14. Tages nach dem Zyklus der Frau an. Die Werte beider Partner im 23- und 28-Tage-Rhythmus werden addiert. Überwiegt die Rhythmenlage des 23-Tage-Rhythmus (männlicher Rhythmus) am Zeugungstag, so kann man erwarten, dass das Geschlecht des Kindes männlich ist. Überwiegen die Werte beider Partner für den 28-Tage-Rhythmus (weiblicher Rhythmus), so ist ein Mädchen zu erwarten.

Der Zeugungstag des Kindes ist später prägend für die gleichgeschlechtliche Liebe

Da es bekanntlich auch **feminine Männer und maskuline Frauen** gibt, bin ich im Laufe der Jahre zu der Erkenntnis gekommen, dass **das Maskuline oder Feminine beim Menschen schon am Tag der Zeugung geprägt wird.** *Besonders prägend sind die Werte der überwiegenden Tage der Hochphase (Empfindungs- und Kraftabgabe-Phase) beider Partner am Zeugungstag im männlichen oder weiblichen Rhythmus, wenn die psychischen Kräfte und Empfindungen stärker ausgeprägt sind als in der Tiefphase. Die Hochphase prägt die männlichen oder weiblichen Gefühle und Empfindungen viel intensiver, was sich auch zum Zeitpunkt der Zeugung auf das entstehende Kind überträgt und später auswirkt. Die überwiegenden Werte des männlich 23 Tage- oder des weiblich 28-Tage-Rhythmus am Zeugungstag sind also bestimmend für das entstehende Geschlecht eines Kindes. Und die überwiegenden Werte in der männlichen oder weiblichen Hochphase am Zeugungstag sind bestimmend für starke maskuline oder feminine Empfindungen und Gefühle. Wenn nun die Werte der Geschlechtsbestimmung mit den Werten der psychischen Gefühle der männlichen oder weiblichen Substanz am Zeugungstag konträr verlaufen, kann es später zu femininen Knaben = Männern oder zu maskulinen Mädchen = Frauen kommen. Somit ist auch zu erklären, warum kleine Knaben lieber mit Puppen und Mädchen spielen und kleine Mädchen sich burschikos geben und sich in der Gesellschaft von Jungen wohler fühlen. Und sich später als Jugendliche oder als Erwachsene für die gleichgeschlechtliche Liebe entscheiden (s. Musterbeispiel).*

Ob sich meine Erkenntnis und Theorie bewahrheiten werden, wird die Zukunft zeigen. Darum sollten sich Eltern die Zeugungstage ihrer Kinder im Kalender notieren.

Ähnlichkeit und Erbanlagen zwischen Eltern und Kindern

Schon am Tag der Geburt eines Kindes kann man aufgrund der Partnerschaftsanalyse zwischen Eltern und Kind errechnen, mit welchem Elternteil die Erbanlagen Prozentual mehr übereinstimmen und mit welchem Elternteil oder dessen Angehörigen (z. B. Großeltern) größere Ähnlichkeit besteht.

Wenn ein Kind äußerlich nur mit einem Elternteil Ähnlichkeit besitzt, dann ist es sicher, dass die Eltern in der männlich-körperlichen Substanz eher rhythmenfremd und somit auch wesensfremd sind, was ich an einigen Beispielen von

Prominenten und ihren Kindern im Laufe der Jahre fest-
stellen konnte.

Hier einige Beispiele von prominenten Eltern und ihren
Kindern:

Wie **es** sicherlich schon vielen Menschen aufgefallen ist, besteht eine frappierende Ähnlichkeit zwischen **Prinzessin Ca-**
roline und ihrer **Tochter Charlotte**. Sie besitzt die gleiche
Schönheit und Ausstrahlung wie ihre Mutter. Mit ihrem ver-
storbenen Vater **Stefano Casiraghi** bestand rein äußerlich
keine Ähnlichkeit.

Prinzessin Caroline und Tochter Charlotte
körperlich ..74% – große Ähnlichkeit und wesensverwandt
seelisch ..... 71% – große Seelenverwandtschaft
geistig .... 58% – durchschnittliche Übereinstimmung
feinsinnig.. 58% – durchschnittlicher Schönheitssinn

Stefano Casiraghi und Tochter Charlotte
körperlich . 39% – keine Ähnlichkeit mit dem Vater
seelisch ..... 71% – große Seelenverwandtschaft
geistig .... 33% – zu geringe geistige Übereinstimmung
feinsinnig.. 89% – es bestand der gleiche Schönheitssinn

Prinzessin Caroline und Stefano
körperlich . 13% – wesensfremd
seelisch ..... 43% – geringe Seelenverwandtschaft
geistig .... 76% – große geistige Übereinstimmung
feinsinnig.. 68% – überdurchschnittliche Übereinstimmung

Prinz Charles und Sohn William
körperlich . 13% – keine Ähnlichkeit und wesensfremd
seelisch ..... 43% – geringe Seelenverwandtschaft
geistig .... 76% – Interessensgemeinschaft
feinsinnig.. 89% – gleicher Geschmacks- und Schönheitssinn

Prinzessin Diana und Sohn William
körperlich . 91 % – große Wesensverwandtschaft und Ähnlichkeit
seelisch ......14 % – gefühlsmäßig unterschiedlich
geistig .... 76 % – große Übereinstimmung von Interessen
feinsinnig.. 16 % – unterschiedlicher Geschmackssinn

Prinz Charles und Prinzessin Diana
körperlich ... 4 % – totale Wesensfremdheit
seelisch ..... 43 % – es bestand keine erotische Anziehung
geistig .... 52 % – durchschnittliche Übereinstimmung
feinsinnig.. 27 % – unterschiedlicher Schönheitssinn

König Felipe und Tochter Leonor
körperlich ... 4 % – keine Ähnlichkeit und wesensfremd
seelisch .... 7 % – keine Seelenverwandtschaft
geistig .... 70 % – große geistige Harmonie
feinsinnig...74 % – gleiches Empfinden von Schönheit

Königin Letizia und Tochter Leonor
körperlich . 91 % – große Ähnlichkeit und wesensverwandt
seelisch ..... 79 % – große Seelenverwandtschaft
geistig ....27 % – keine gemeinsame Ansichten und Meinungen
feinsinnig.. 21 % – unterschiedlicher Geschmacks- und Schönheitssinn

König Felipe und Königin Letizia
körperlich ... 4 % – totale Wesensfremdheit
seelisch ..... 29 % – zu geringe Seelenverwandtschaft
geistig .... 58 % – durchschnittliche geistige Ergänzung
feinsinnig.... 5 % – unterschiedlicher Geschmacks- und Schönheitssinn

König Willem-Alexander und Tochter Catharina-Amalia
körperlich . 13 % – große Wesensfremdheit
seelisch ..... 21 % – große Seelenfremdheit
geistig .... 52 % – durchschnittliche geistige Ergänzung
feinsinnig.. 84 % – gleicher Schönheitssinn

Königin Maxima und Tochter Catharina-Amalia
körperlich . 91 % – große Ähnlichkeit und wesensverwandt
seelisch ..... 43 % – fast durchschnittlich seelenverwandt
geistig .... 27 % – wenig geistige Übereinstimmung
feinsinnig.. 89 % – gleicher Kunst- und Mode-Geschmack

König Willem-Alexander und Königin Maxima
körperlich . 22 % – große Wesensfremdheit
seelisch ..... 79 % – große Seelenverwandtschaft
geistig .... 76 % – viele gemeinsame Interessen
feinsinnig.. 95 % – gleiches intuitives Erleben von Schönheit

Elvis Presley und Tochter Lisa-Marie
körperlich . 83 % – große Ähnlichkeit und wesensverwandt
seelisch ..... 36 % – geringe Seelenverwandtschaft
geistig .... 94 % – große Geistesverwandtschaft
feinsinnig.. 63 % – überdurchschnittlicher Kunstgeschmack

Priscilla und Tochter Lisa-Marie
körperlich . 30 % – keine Ähnlichkeit und wesensfremd
seelisch ... 100 % – gefühlsmäßig sind sie sich sehr ähnlich
geistig .... 70 % – im Fühlen und Denken große Harmonie
feinsinnig.. 79 % – große Ergänzung in Farben und Formen

Jürgen Drews und Tochter Joelina
körperlich . 48 % – durchschnittliche Wesensverwandtschaft
seelisch ......14 % – fast keine Seelenverwandtschaft
geistig ....58 % – durchschnittliche geistige Übereinstimmung
feinsinnig.... 5 % – unterschiedlicher Kunstgeschmack

Ramona Drews und Tochter Joelina
körperlich 100 % – sehr große Ähnlichkeit und Wesensverwandt
seelisch .... 0 % – keine Seelenverwandtschaft
geistig .... 88 % – große Geistesverwandtschaft
feinsinnig.. 89 % – gleicher Schönheitssinn

Jürgen Drews und Ramona
körperlich . 48 % – durchschnittliche Wesensverwandtschaft
seelisch ..... 86 % – große Seelenverwandtschaft und Liebe
geistig .... 70 % – gleiche Interessen und Ansichten
feinsinnig.. 16 % – kein gleiches intuitives Umwelterleben

Erläuterung der biologischen Rhythmen

Durch jahrzehntelange Beobachtungen und Forschungen wurde es zur absoluten Gewissheit, dass der Mensch doppelgeschlechtig ist. Also gleichzeitig aus männlicher und weiblicher Substanz besteht. Das Überwiegen der männlichen Substanz lässt ein Embryo zu einem Jungen werden oder umgekehrt das Überwiegen der weiblichen Substanz zu einem Mädchen. Weiterhin hat die Wissenschaft entdeckt, dass bei einem sehr männlichen Mann die männlichen Substanzen gegenüber den weiblichen sehr stark überwiegen und umgekehrt bei einer sehr weiblichen Frau die weiblichen Substanzen gegenüber den männlichen sehr stark vertreten sind.

Bekanntlich gibt es aber auch weibliche Männer/männliche Frauen. Das ist darauf zurückzuführen, dass die gegengeschlechtliche Substanz männlich oder weiblich in der Hochphase überwiegt, was am Tag der Zeugung schon entschieden wird (siehe Beschreibung: Junge oder Mädchen aufgrund der Biorhythmen).

Diese beiden Zellkategorien befinden sich in immerwährendem periodischen Auf- und Abbau. Wie Ebbe und Flut laufen ihre Lebensrhythmen in einem ständigen Gleichklang ab. Der männliche Rhythmus hat eine Periode von 23 Tagen, der weibliche eine Periode von 28 Tagen. Dazu gibt es noch den intellektuellen Rhythmus von 33 Tagen und den feinsinnigen von 38 Tagen. Davon ist die erste Hälfte eines Rhythmus die Hochphase und sie befindet sich somit im Plusbereich, die zweite Hälfte die Tiefphase und sie befindet sich im Minusbereich. Die Hochphase ist die aktive Zeit, die Zeit der Kraftabgabe und der Lebensfreude. Die Tiefphase ist die Zeit der Kräftesammlung, die Erholungsphase und der Regeneration. Man neigt in dieser Zeit eher zu Depressionen. Durch die unterschiedlichen Längen der vier Rhythmen ergeben sich verschiedene Kombinationsmöglichkeiten.

Die Übergangstage von der Hoch- in die Tiefphase nennt man einen „halbperiodischen" Tag; den Übergang von der Tief- in die Hochphase nennt man einen „periodischen" Tag. Diese beiden Tage des jeweiligen Rhythmus sind als kritisch zu bewerten und besonders zu beachten. Langjährige Forschungsarbeit hat bewiesen, dass die „halbperiodischen" und „periodischen" Tage die Gefahr für Unfälle und körperliches und geistiges Versagen vergrößern. An diesen kritischen Übergangstagen geschahen auch die Attentate auf Reagan, Lafontaine und Schäuble oder das Bootsunglück von Casiraghi. Darum mein eindringlicher Rat an alle Menschen: Vermeiden Sie an den halb- und periodischen Tagen jede körperliche und geistige Überanstrengung und jedes Risiko, dann können die kritischen Phasen ohne gravierende Vorkommnisse unbemerkt und unbeschadet vorübergehen. Zu den periodischen Tagen sagte einst der Entdecker der Biorhythmik, der Berliner Arzt und Biologe Dr. Wilhelm Fließ (1858–1928): **„Nicht jeder periodische Tag ist ein kritischer Tag, aber jeder kritische ein periodischer."**

Die negative Kräftekonstellation setzt nun nicht schlagartig am Morgen des periodischen Tags ein, sondern beginnt schon zwölf Stunden vor der Geburtsstunde bzw. -minute durch langsames Ansteigen der Krisis bis zum Kulminationspunkt. Danach macht sich ein langsames, 12-stündiges Abflauen der Krisis bemerkbar. Stets ist die Geburtsstunde der kritische Höhepunkt eines 24-stündigen, langsam an- und abschwellenden Intervalls. Das gilt sowohl für den halb- wie auch für den periodischen Tag.

Nun komme ich zu der Erläuterung der vier biologischen Rhythmen:

Der männlich-körperliche Rhythmus (M) hat eine Periodendauer von 23 Tagen. Die ersten 11,5 Tage des Hochs befinden sich im Plusbereich, die nächsten 11,5 Tage des Tiefs im Minusbereich. Der M-Rhythmus zeigt unser körperliches Wohlbefinden an. Seine psychischen Auswirkungen sind: Energie, Mut, Angriffslust, Unternehmungsgeist, Ausdauer, Selbstvertrauen, Leistungswille und Widerstand. Bei der Plus- oder Hochphase sind diese Wesensarten erhöht, bei der Minus- oder Tiefphase sehr vermindert. Die physischen Auswirkungen bei der Plus- oder Hochphase sind: erhöhte körperliche Leistungs- und Ertragungs- fähigkeit, Maximum der aktivierenden Kräfte, immun gegen Infektionen, äußerste Widerstandskraft, daher auch **günstig für erfolgreiche Operationen.** Außerdem günstig für stark angreifende Bäder, Bestrahlungen, Impfungen, Blutentzüge, Massagen, Fastenkuren sowie für abbauende medikamentöse und physikalische Maßnahmen. Die Minusphase ist die Zeit der Kräftesammlung und der Vorbereitung. Man sollte sich passiv und abwartend verhalten, da die körperliche Spannkraft im Allgemeinen vermindert ist. Die Zeit ist günstig und zeigt beste Reaktion auf Heil- und Stärkungsmittel.

Der weiblich-seelische Rhythmus (W) hat eine Periodendauer von 28 Tagen. Die ersten 14 Tage des Hochs befinden sich im Plusbereich, die nächsten 14 Tage des Tiefs im Minusbereich. Der W-Rhythmus ist ebenso wie der männliche Rhythmus für unser körperliches Wohlbefinden bestimmend. Seine psychischen Auswirkungen sind: Optimismus, Stimmung, Gefühl, Frohsinn, Gemeinschaftsgeist, Intuitionen, Kunst, schöpferische Fähigkeiten und erfolgreiche Meditation. Bei der Plus- oder Hochphase sind die seelischen Auswirkungen erhöht, außerdem ist die sexuelle Triebhaftigkeit sowie auch Erotik erhöht bzw. aktiv. Bei der Minus- oder Tiefphase ist das sexuelle Triebleben passiv, außerdem ist die seelische Gemütslage gedrückt. Es besteht die Neigung zu Depressionen, Stimmungen, Launenhaftigkeit und Streitsucht. Es ist die Zeit der schöpferischen Pause. Dagegen wirken Heil- und Stärkungsmittel gut.

Zusammenfassend möchte ich nochmals betonen, dass der männliche und weibliche Substanz-Rhythmus unser jeweiliges körperliches Kräftebild widerspiegelt. Darum

sind beide Rhythmen maßgeblich für unsere körperliche Zustandsform. Unterschiedlich sind sie nur in der psychologischen Ausstrahlung.

Der Intellekt- oder Geistesrhythmus (I) hat eine Periodendauer von 33 Tagen. Die ersten 16,5 Tage des Hochs befinden sich im Plusbereich und 16,5 Tage des Tiefs im Minusbereich. Im Gegensatz zu den beiden Substanzrhythmen (M) und (W) ist der I- Rhythmus für psychische Belange bedeutungslos. Er gibt uns lediglich Aufschluss über die Intensität unserer geistigen Kräfte, wie z.B. Aufnahmefähigkeit, Kombinationsgabe, Geistesgegenwart, Logik, Schlagfertigkeit in Rede und Schrift, Wiedergabefähigkeit, Verstandesklarheit und Reaktionsvermögen. Bei der Plus- oder Hochphase sind die geistigen Kräfte in Höchstform, bei der Minus- oder Tiefphase sehr vermindert, wie z.B. Ideenarmut, schwerfälliger Gedankenfluss und verlangsamtes Reaktionsvermögen. Darum sollten alle Verkehrsteilnehmer die geistige Tiefphase besonders beachten, da eine erhöhte Unfallgefahr besteht. Statistische Untersuchungen haben bewiesen, dass ein hoher Prozentsatz aller Unfälle auf das Konto der Minus- oder Tiefphase des I-Rhythmus entfällt.

Wie Sie inzwischen wissen, sind Sie an den Minustagen des M- sowie W-Rhythmus anfällig für Infektionen und Krankheiten und an den Minustagen des I-Rhythmus anfällig für geistiges Versagen. Doch besonders gefährdet sind Sie an den halb- (X) und periodischen (XX) Tagen. Es sind die Übergangstage zwischen den Hoch- und Tiefphasen bzw. von der Plus- in die Minusphase. Diese beiden Tage des jeweiligen Rhythmus sind als kritisch zu bewerten und besonders zu beachten. Deshalb vermeiden Sie möglichst jeden operativen Eingriff an den substanzperiodischen Tagen, und vermeiden Sie an den intellektuellperiodischen Tagen, Prüfungen abzulegen.

Der Feinsinnigkeits- oder Intuitionsrhythmus (F) hat eine Periodendauer von 38 Tagen. Wobei sich die ersten

19 Tage des Hochs im Plusbereich und 19 Tage des Tiefs im Minusbereich befinden. Der Feinsinnigkeitsrhythmus steuert unser intuitives Erfassen und Beurteilen von Umwelteinflüssen. Außerdem beeinflusst er den Geschmacks- und Schönheitssinn von Farben, Formen, Tönen und Düften. In der Plus- oder Hochphase ist man aufgeschlossener und empfänglicher für alles Schöne und Neue – man sieht und erlebt alles bewusster. Besonders fühlen sich kreative Menschen, insbesondere Künstler, in der Hochphase inspiriert. Dagegen zeigt sich in der Minus- oder Tiefphase, dass die Aufgeschlossenheit und die Empfindungen für die Umwelt nur schwach ausgeprägt sind. Darum sollten kreative Künstler wie Schriftsteller, Dichter, Maler, Bildhauer und Komponisten nicht nur die seelische und geistige, sondern auch die feinsinnige Hochphase nutzen, um etwas Neues zu beginnen oder das Begonnene zu vollenden.

Hier nun in Kurzfassung, was bei einem bestimmten Rhythmenstand erfolgreich unternommen werden kann

Beste Rhythmenlage für Operationen: gleichzeitiges männliches und weibliches Hoch. Auf keinen Fall an den halb- und periodischen Tagen, weil an ihnen die Geneigtheit zu Komplikationen, Wundinfektionen und starken Blutungen besteht sowie eine Unverträglichkeit der Narkose.

Für die Zeugung eines gesunden und intelligenten Kindes sollte wenigstens einer der Substanzrhythmen (M) oder (W) sowie der Intellektrhythmus bei beiden Partnern im Hoch stehen.

Für Prüfungen sollte der weibliche und intellektuelle Rhythmus im Hoch stehen. Somit ist beste Konzentrationsfähigkeit und Selbstvertrauen gewährleistet. Auch für schöpferisch-kreative Menschen ist diese Rhythmenlage sehr gut, da sie in dieser Zeit Inspirationen und Intuitionen haben.

Körperliche Hochphase: Zeit der Kraftabgabe und größte Leistungsmöglichkeiten
Körperliche Tiefphase: Zeit der Kräftesammlung, Regenerierung
und Erholungsphase
Geistige Hochphase: Verstandesklarheit, Schlagfertigkeit in Rede und Schrift, Reaktionsfähigkeit, Geistesgegenwart und produktive, schöpferische Zeit
Geistige Tiefphase: schwerfälliger Gedankenfluss, verminderte Reaktionsfähigkeit

Bei Sportlern sollte der männlich-körperliche und intellektuelle Rhythmus im Hoch stehen. Sie besitzen dann außer Energie, Mut, Angriffslust, Selbstvertrauen, Leistungswille, Ausdauer und körperlicher Erträglichkeit, Geistesgegenwart und Reaktionsvermögen, um blitzschnell ihre Chancen zu erkennen und zu reagieren.

Nachwort

Nun haben Sie einen Einblick in die Partnerschaften der Prominenten bekommen und festgestellt, dass auch diese Menschen – trotz Ruhm und Reichtum – nicht alle glücklich waren bzw. glücklich sind.

Allen unglücklichen und einsamen Menschen möchte ich sagen, dass eine disharmonische Partnerschaft oder Pech in der Liebe auch etwas Positives bewirken kann, indem man sich für andere Aufgaben im Leben engagiert und dadurch Erfüllung findet. Der eine findet Erfüllung in einer harmonischen Zweierbeziehung oder Familie, der andere in Wissenschaft und Forschung, in der Kunst, im Sport, in der Politik oder in humanitären Organisationen, was der Allgemeinheit zugutekommt. Für jeden Menschen ist ein Platz in diesem Leben reserviert, man muss nur ehrlich bemüht sein, ihn zu finden. Sich aus Frustration mit übermäßigem Essen, Alkohol, Nikotin oder Drogen zu betäuben, ist keine Lösung.

Anmerkung:

So, wie ich vielen Menschen mit dieser humanen Wissenschaft der Biorhythmik und einer Analyse Aufhellung in ihrer Partnerschaft brachte, so fand auch ich den Weg der Erkenntnis durch die Bio-Wissenschaftler: Dr. Wilhelm Fließ, Dr. Friedrich Teltscher und Prof. Dr. Rexford Hersey. Ihnen gebührt mein Dank und meine Bewunderung.

Anhang

Geburtsdaten und prozentuale Partnerschaftsberechnungen von Prominenten

A

Andrew, Prinz, geb. 19.02.1960, u. Lady Sarah, geb. 15.10.1959
körperlich 4 %, seelisch 7 %, geistig 70 %, feinsinnig 32 %

Anne, Prinzessin, geb. 15.08.1950, u. Mark, geb. 22.09.1948
körperlich 83 %, seelisch 43 %, geistig 94 %, feinsinnig 58 %

Albert, Prinz, geb.14.03.1958, u. Cath. Oxenberg, geb. 22.09.1961
körperlich 100 %, seelisch 100 %, geistig 94 %, feinsinnig 79 %

Albert, Prinz, geb. 14.03.1958, u. Claudia Schiffer, geb.25.8.70
körperlich 39 %, seelisch 21 %, geistig 58 %, feinsinnig 32 %

Albert, Fürst, geb. 14.03.1958, u. Charlene, Fürstin, geb. 25.1.78
körperlich 4 %, seelisch 64 %, geistig 82 %, feinsinnig 95 %

Albano, geb. 07.07.1943, u. Romina Power, geb. 02.10.1951
körperlich 83 %, seelisch 64 %, geistig 27 %, feinsinnig 10 %

Aznavour, Charles, geb.22.05.1924, u. Edith Piaf, geb.19.12.15
körperlich 57 %, seelisch 79 %, geistig 52 %, feinsinnig 95 %

B

Beatrix, Exkönigin, geb. 31.01.1938, u. Prinz Claus, geb. 06.09.26
körperlich 83 %, seelisch 50 %, geistig 58 %, feinsinnig 21 %

Baudouin, Exkönig v. Belgien, geb. 07.09.1930, und

Exkönigin Fabiola, geb. 11.06.1928
körperlich 13 %, seelisch 57 %, geistig 58 %, feinsinnig 5 %

Bardot, Brigitte, geb. 28.09.1934, u. Gunter Sachs, geb. 14.11.32
körperlich, 39 %, seelisch 21 %, geistig 39 %, feinsinnig 95 %

Bardot, Brigitte und Sascha Distel, geb. 29.01.1933
körperlich 22 %, seelisch 36 %, geistig 21 %, feinsinnig 95 %

Bono, Sonny, geb. 16.02.1935, u. Cher, geb. 20.05.1946 körperlich 48 %, seelisch 64 %, geistig 15 %, feinsinnig 63 %

Bach, Vivi, geb. 03.10.39, u. Dietmar Schönherr, geb. 17.5.26
körperlich 4 %, seelisch 7 %, geistig 82 %, feinsinnig 21 %

Becker, Boris, geb. 22.11.1967, u. Bened. Courtin, geb. 22.07.64
körperlich 91 %, seelisch 0 %, geistig 82 %, feinsinnig 89 %

Becker, Boris und Karen Schulz, geb. 21.02.1964
körperlich 13 %, seelisch 86 %, geistig 3 %, feinsinnig 89 %

Becker, Boris und Barbara Becker, geb. 01.11.1965
körperlich 30 %, seelisch 64 %, geistig 52 %, feinsinnig 53 %

Becker, Boris und Lilly Becker, geb.28.07.1978
körperlich 22 %, seelisch 36 %, geistig 58 %, feinsinnig 32 %

Becker, Boris und John Mc Enroe, geb. 16.02.1959
körperlich 65 %, seelisch 36 %, geistig 100 %, feinsinnig 53 %

Beckenbauer, Franz, geb. 11.09.45, u. Brigitte B., geb. 12.09.44
körperlich 65 %, seelisch 100 %, geistig 94 %, feinsinnig 16 %

Beckenbauer, Franz und Sybille Weimer, geb. 23.07.1948
körperlich 0 %, seelisch 29 %, geistig 39 %, feinsinnig 5 %

Bergmann, Ingrid, geb. 28.8.1915, u. R. Rossellini, geb. 8.5.1906
körperlich 57 %, seelisch 21 %, geistig 100 %, 10 % feinsinnig

Bergmann, Ingrid und Humphrey Bogart, geb. 23.01.1899
körperlich 4 %, seelisch 14 %, geistig 27 %, feinsinnig 5 %

Berger, Senta, geb. 13.05.41, und M. Verhoeven, geb. 13.07.38
körperlich 100 %, seelisch 93 %, geistig 27 %, feinsinnig 53 %

Burda, Hubert, geb. 09.02.40, u. M. Furtwängler, geb. 13.09.66
körperlich 39 %, seelisch 79 %, geistig 33 %, feinsinnig 21 %

C

Caroline, Prinzess., geb. 23.01.57, u. Ph. Junot, Ex, geb.19.4.40
körperlich 57 %, seelisch 36 %, geistig 9 %, feinsinnig 74 %

Caroline, Prinzessin und Stefano Casiraghi, geb.8.9.60
körperlich 13 %, seelisch 43 %, geistig 76 %, feinsinnig 68 %

Caroline, Prinzessin und Ernst August, geb. 26.02.54
körperlich 65 %, seelisch 86 %, geistig 64 %, feinsinnig 89 %

Caroline, Prinzessin und Roberto Rossellini, geb. 02.02.1950
körperlich 48 %, seelisch 93 %, geistig 64 %, feinsinnig 95 %

Caroline, Prinzessin und Tochter Charlotte, geb. 03.08.1986
körperlich 83 %, seelisch 64 %, geistig 64 %, feinsinnig 63 %

Charles, Prinz, geb. 14.11.48, u. Prinzessin Diana, geb. 01.07.61
körperlich 4 %, seelisch 43 %, geistig 52 %, feinsinnig 27 %

Charles, Prinz und Camilla Parker-Bowles, geb.17.07.1947
körperlich 74 %, seelisch 29 %, geistig 46 %, feinsinnig 58 %

Carl Gustaf, König, geb.30.4.46 u. Königin Silvia, geb. 23.12.43
körperlich 30 %, seelisch 36 %, geistig 94 %, feinsinnig 21 %

Cash, Johnny, geb. 26.02.1932, u. June Carter, geb. 18.08.27
körperlich 74 %, seelisch 93 %, geistig 82 %, feinsinnig 0 %

Chamberlain, R., geb. 31.03.34, u. Y. Shimada, geb. 11.03.52
körperlich 100 %, seelisch 79 %, geistig 27 %, feinsinnig 0 %

Chamberlain, Richard und Rachel Ward, geb. 12.09.57
körperlich 13 %, seelisch 86 %, geistig 15 %, feinsinnig 16 %

Chamberlain, Richard und Alice Krige, geb. 28.06.56
körperlich 48 %, seelisch 64 %, geistig 58 %, feinsinnig 63 %

Chamberlain, Richard und Jaclyn Smith, geb. 16.10.47
körperlich 83 %, seelisch 36 %, geistig 82 %, feinsinnig 63 %

Curtis, Tony, geb. 03.06.25, u. Christine Kaufmann, geb.11.1.45
körperlich 22 %, seelisch 57 %, geistig 94 %, feinsinnig 5 %

Clinton, Bill, geb. 19.08.1946, u. Hillary Clinton, geb. 26.10.47
körperlich 65 %, seelisch 7 %, geistig 76 %, feinsinnig 21 %

Clinton, Bill, und Monica Lewinsky, geb. 23.07.1973
körperlich 22 %, seelisch 50 %,geistig 94 %, feinsinnig 63 %

D

Diana, Prinzessin, geb. 01.07.61, u. Dodi Al -Fayed, geb.15.4.55
körperlich 30 %, seelisch 93 %, geistig 52 %, feinsinnig 42 %

Diba, Farah, Exkaiserin, geb. 15.10.1938, und Schah Reza von
Persien, geb. 26.10.1919
körperlich 48 %, seelisch 7 %, geistig 94 %,feinsinnig 32 %

Day, Doris, geb. 03.04.1924, u Rock Hudson, geb.17.11.1925 körperlich 57 %, seelisch 64 %, geistig 94 %, feinsinnig 21 %

Dean, James, geb. 08.02.1931, u. Pier Angeli, geb. 19.06.1932 körperlich 22 %, seelisch 50 %, geistig 88 %, feinsinnig 84 %

Dietrich, Marlene, geb.27.12.1901, u. Jean Gabin, geb.17.05.04 körperlich 83 %,seelisch 71 %, geistig 15 %, feinsinnig 89 %

Deutscher, Drafi geb. 09.05.46, u. Isabell Varell, geb. 31.07.61 körperlich 65 %, seelisch 29 %, geistig 9 %, feinsinnig 27 %

Drews, Jürgen, geb. 02.04.1945, u. Ramona, geb. 12.09.1973 körperlich 48 %, seelisch 86 %, geistig 70 %, feinsinnig 16 %

Drews, Jürgen und Tochter Joelina, geb. 27.09.1995 körperlich 48 %, seelisch 14 %, geistig 58 %, feinsinnig 5 %

Drews, Ramona und Tochter Joelina körperlich 100 %, seelisch 0 %, geistig 88 %, feinsinnig 89 %

E
Elizabeth, Königin, geb. 21.04.26, u. Prinz Philipp, geb. 10.06.21 körperlich 57 %, seelisch 14 %, geistig 64 %, feinsinnig 47 %

F
Felipe, König, geb. 30.01.1968, und Königin Letizia, geb. 15.09.1972 körperlich 4 %, seelisch 29 %, geistig 58 %, feinsinnig 5 %

Felipe, König und Tochter Leonor, geb. 31.10.2005 körperlich 4 %, seelisch 7 %, geistig 70 %, feinsinnig 74 %

Frederik, Kronprinz, geb. 28.05.1968, u. Kronprinzessin Mary, geb. 05.02.1972
körperlich 22 %, seelisch 71 %, geistig 70 %, feinsinnig 5 %

Fritsch, Willi, geb. 21.01.1901, u. Lilian Harvey, geb. 19.01.07
körperlich 83 %, seelisch 93 %, geistig 70 %, feinsinnig 10 %

Forsythe, John, geb. 29.01.1918, u. Linda Evans, geb. 18.11.42
körperlich 74 %, seelisch 7 %, geistig 3 %, feinsinnig 21 %

Forsythe, John und Joan Collins, geb. 23.05.1933
körperlich 65 %, seelisch 50 %, geistig 0 %, feinsinnig 63 %

Fassbinder, Werner, geb. 13.02.1946, und Hanna Schygulla, geb. 25.12.1943
körperlich 91 %, seelisch 79 %, geistig 33 %, feinsinnig 10 %

Fischer, Helene, geb. 05.08.1984, und Florian Silbereisen, geb. 04.08.1981
körperlich 57 %, seelisch 64 %, geistig 52 %, feinsinnig 74 %

G
Goethe, J.W. von, geb. 28.08.1749, und Charlotte von Stein, geb. 25.12.1742
körperlich 100 %, seelisch 86 %, geistig 76 %, feinsinnig 68 %

Goethe, J.W. von und Christiane von Goethe, geb. 01.06.1765
körperlich 48 %, seelisch 14 %, geistig 15 %, feinsinnig 5 %

Goethe, J.W. von und Friedrich Schiller, geb. 10.11.1759
körperlich 100 %, seelisch 86 %, geistig 82 %, feinsinnig 89 %

Goethe, J.W. von und Emanuel Kant, geb. 22.04.1724
körperlich 13 %, seelisch 36 %, geistig 15 %, feinsinnig 32 %

Gracia, Fürstin, geb. 12.11.1929, u. Fürst Rainer, geb. 31.05.26
körperlich 65 %, seelisch 93 %, geistig 58 %, feinsinnig 63 %

Gracia, Fürstin und Gary Cooper, geb. 07.05.1901
körperlich 74 %, seelisch 100 %, geistig 27 %, feinsinnig 79 %

Gable, Clark, geb. 01.02.1901, u. Vivien Leigh, geb. 05.11.1913
körperlich 22 %, seelisch 14 %, geistig 58 %, feinsinnig 27 %

Gabin, Jean, geb. 17.05.1904, u. Simone Signoret, geb. 25.03.21
körperlich 30 %, seelisch 71 %, geistig 9 %, feinsinnig 100 %

Gorbatschow, Michail, geb. 02.03.1931, u. Raissa, geb. 05.01.1932
körperlich 13 %, seelisch 93 %, geistig 27 %, feinsinnig 74 %

Gorbatschow, Michail und George Bush, geb. 12.06.1924 körperlich 39 %, seelisch 29 %, geistig 27 %, feinsinnig 16 %

Gorbatschow, Michail und Ronald Reagan, geb. 06.02.1911
körperlich 30 %, seelisch 50 %, geistig 82 %, feinsinnig 74 %

Gorbatschow, Michail und Helmut Kohl, geb. 03.04.1930
körperlich 0 %, seelisch 79 %, geistig 82 %, feinsinnig 53 %

Gorbatschow, Michail u. Hans D. Genscher, geb. 21.03.1927 körperlich 39 %, seelisch 0 %, geistig 39 %, feinsinnig 89 %

Graf, Steffi, geb. 14.06.1969, u. Andre Agassi, geb. 29.4.1970
körperlich 74 %, seelisch 21 %, geistig 33 %, feinsinnig 21 %

George, Götz, geb. 23.07.38, u. Loni v. Friedel, geb. 24.07.43 körperlich 13 %, seelisch 50 %, geistig 27 %, feinsinnig 84 %

Geiss, Carmen, geb. 05.05.1965, u. Robert, geb. 29.01.64 körperlich 83 %, seelisch 0 %, geistig 100 %, feinsinnig 68 %

Geiss Davina Shakira, geb. 30.05.2003 und Mutter Carmen körperlich 4%, seelisch 14%, geistig 33%, feinsinnig 79%

Geiss, Davina und Vater Robert
körperlich 22%, seelisch 86%, geistig 33%, feinsinnig 89%

Geiss, Shania Tyra Maria, geb. 30.07.2004 u. Mutter Carmen
körperlich 83%, seelisch 64%, geistig 46, feinsinnig 74%

Geiss, Shania Tyra Maria und Vater Robert
körperlich 65%, seelisch 36%, geistig 46%, feinsinnig 42%

Guttenberg, Karl-Theodor von, geb. 05.12.1971, und Stephanie, geb. 24.11.1976
körperlich 91%, seelisch 71%, geistig 94%, feinsinnig 58%

H
Haakon Magnus, Kronprinz, geb.20.07.1973, u. Kronprinzessin Mette Marit, geb. 19.08.1973
körperlich 39%, seelisch 86%, geistig 82%, feinsinnig 58%

Hepburn, Audrey, geb. 04.05.1929, u. Mel Ferrer, geb. 25.08.17
körperlich 30%, seelisch 0%, geistig 21%, feinsinnig 27%

Hepburn, Audrey und Gregory Peck, geb. 05.04.1916
körperlich 39%, seelisch 21%, geistig 52%, feinsinnig 42%

Hasselhoff, David, geb. 17.07.1952 u. Pamela, geb. 16.10.1963
körperlich 22%, seelisch 43%, geistig 39%, feinsinnig 79%

Heino, geb. 13.12.1939, und Hannelore, geb. 30.05.1942
körperlich 83%, seelisch 79%, geistig 52%, feinsinnig 32%

Heesters, Johannes, geb. 05.12.03, u. Simone Rethel geb.15.06.49
körperlich 100%, seelisch 79%, geistig 82%, feinsinnig 21%

Hofmann, Peter, geb. 22.08.44, u. Deborah Sasson, geb.22.08.54
körperlich 57 %, seelisch 14 %, geistig 33 %, feinsinnig 79 %

Hehn, Sascha, geb.11.10.1954, u. Karin Thaler,geb. 16.06.1965
körperlich 22 %, seelisch 36 %, geistig 58 %, feinsinnig 32 %

J
Juliana, Exkönigin, geb. 30.04.1909, und
Prinz Bernhard, geb. 29.06.1911
körperlich 30 %, seelisch 57 %, geistig 88 %, feinsinnig 58 %

Juan Carlos, Exkönig, geb. 05.01.1938, und
Exkönigin Sofia, geb. 02.11.1938
körperlich 83 %, seelisch 50 %, geistig 76 %, feinsinnig 84 %

Joachim, Prinz, geb. 07.06.1969, u. Alexandra, geb. 30.06.1964
körperlich 22 %, seelisch 21 %, geistig 27 %, feinsinnig 10 %
Jolie, Angelina, geb. 04.06.1975, u. Brad Pitt, geb. 18.12.1963
körperlich 100 %, seelisch 0 %, geistig 70 %, feinsinnig 68 %

Jürgens, Curd, geb. 13.12.1915, u, Eva Bartok, geb. 18.06.1927
körperlich 65 %, seelisch 64 %, geistig 15 %, feinsinnig 32 %

K
Karajan, Herbert von, geb. 05.04.1908, u. Anne-Sophie Mutter, geb. 29.06.1963
körperlich 83 %, seelisch 7 %, geistig 39 %, feinsinnig 74 %

Kaufmann, Jonas, geb.10.07.1969, und Rolando Villazon, geb. 22.02.1972
körperlich 22 %, seelisch 64 %, geistig 100 %, feinsinnig 63 %

Knef, Hildegard, geb. 28.12.25, u. David Cameron, geb. 21.1.33
körperlich 57 %, seelisch 64 %, geistig 58 %, feinsinnig 84 %

Knef, Hildegard und Paul von Schell, geb. 28.11.1940
körperlich 83 %, seelisch 21 %, geistig 76 %, feinsinnig 21 %

Knef, Hildegard und Hans Albers, geb. 22.09.1891
körperlich 74 %, seelisch 93 %, geistig 52 %, feinsinnig 32 %

Knef, Hildegard und Marlene Dietrich, geb. 27.12.1901
körperlich 65 %, seelisch 79 %, geistig 33 %, feinsinnig 42 %

Kennedy, John F., geb. 29.05.1917, u. Jacky K., geb. 28.07.29
körperlich 65 %, seelisch 36 %, geistig 27 %, feinsinnig 84 %

Kennedy, John F. und Marilyn Monroe, geb. 01.06.1926
körperlich 91 %, seelisch 0 %, geistig 39 %, feinsinnig 16 %

Kelly, Petra, geb. 29.11.1947 u. Gerd Bastian, geb. 26.03.1923
körperlich 83 %, seelisch 86 %, geistig 70 %, feinsinnig 58 %

Kohl, Helmut, geb.03.04.30, u. Hannelore Kohl, geb. 07.03.33
körperlich 4 %, seelisch 64 %, geistig 21 %, feinsinnig 74 %

Kaiser, Roland, geb. 10.05.52, und Anja Schüte, geb. 02.09.64
körperlich 13 %, seelisch 29 %, geistig 39 %, feinsinnig 42 %

Kelly, Maite, geb. 04.12.1979, u. Ehemann Florent, geb. 14.08.76
körperlich 4 %, seelisch 79 %, geistig 15 %, feinsinnig 53 %

Kilius, Marika, geb. 24.03.43, u. Hans J. Bäumler, geb. 29.01.42
körperlich 57 %, seelisch 93 %, geistig 39 %, feinsinnig 95 %

Kinski, Nastassja, geb. 24.01.1961, und
Roman Polanski, geb. 18.08.1933
körperlich 39 %, seelisch 79 %, geistig 33 %, feinsinnig 42 %

Klum, Heidi, geb. 01.06.1973 u. Exehemann Seal, geb. 19.02.63
körperlich 48 %, seelisch 79 %, geistig 58 %, feinsinnig 63 %

Katzenberger, Daniela, geb. 01.10.1986, und
Lucas Cordalis, geb. 07.08.1967
körperlich 74 %, seelisch 64 %, geistig 94 %, feinsinnig 84 %

L

Letizia, Königin, geb. 15.09.1972, und
Prinzessin Leonor, geb. 31.10.2005
körperlich 91 %, seelisch 79 %, geistig 27 %, feinsinnig 21 %

Loren, Sophia, geb. 20.09.1934, u. Carlo Ponti, geb. 11.12.1913
körperlich 83 %, seelisch 100 %, geistig 88 %, feinsinnig 37 %

Loren, Sophia und Cary Grant, geb. 18.01.1904
körperlich 83 %, seelisch 79 %, geistig 9 %, feinsinnig 63 %

Lennon, John, geb. 09.10.1940, und Yoko Ono, geb. 18.02.1933
körperlich 39 %, seelisch 29 %, geistig 9 %, feinsinnig 16 %
Leandros, Vicky, geb. 23.08.50, u. Freih v. Ruffin, geb. 23.04.54
körperlich 57 %, seelisch 64 % geistig 15 %, feinsinnig 53 %

Lanz, Markus, geb.16.03.69, u. Birgit Schrowange, geb.07.04.58
körperlich 48 %, seelisch 43 %, geistig 82 %, feinsinnig 68 %

Lafontaine, Oskar, geb. 16.09.1943, u. Christa Müller 09.05.56
körperlich 65 %, seelisch 92 %, geistig 93 %, feinsinnig 10 %

M

Merkel, Angela, geb. 17.07.1954, und
Barack Obama, geb. 04.08.1961
körperlich 91 %, seelisch 93 %, geistig 94 %, feinsinnig 53 %

Madeleine, Prinzessin, geb.10.6.82, u. J. Bergström, geb.23.1.79
körperlich 30 %, seelisch 86 %, geistig 21 %, feinsinnig 5 %

Madeleine, Prinzessin und Chris O'Neill, geb. 27.06.1974
körperlich 39 %, seelisch 50 %, geistig 94 %, feinsinnig 10 %

Myhre Wencke, geb. 15.02.47, u. Michael Pfleghar, geb.20.03.33
körperlich 74 %, seelisch 14 %, geistig 88 %, feinsinnig 37 %

Marianne, geb. 07.02.1953, und Michael, geb. 18.03.1949 körperlich 65 %, seelisch 57 %, geistig 82 %, feinsinnig 16 %

N
Netrebko, Anna, geb.18.9.71, u. Rolando Villazon, geb. 22.2.72
körperlich 65 %, seelisch 21 %, geistig 52 %, feinsinnig 74 %

Netrebko, Anna und Jonas Kaufmann, geb. 10.07.1969
körperlich 57 %, seelisch 14 %, geistig 52 %, feinsinnig 89 %

O
Obama, Barack, geb.04.08.61, u. Michelle Obama, geb.17.01.64
körperlich 91 %, seelisch 100 %, geistig 70 %, feinsinnig 16 %

Ofarim, Esther, geb. 13.06.1941, u. Abi Ofarim, geb. 5.10.1937
körperlich 13 %, seelisch 79 %, geistig 64 %, feinsinnig 10 %

Onassis, Ari, geb. 21.09.1906, u. Maria Callas, geb. 04.12.1923
körperlich 65 %, seelisch 21 %, geistig 21 %, feinsinnig 32 %

Onassis, Ari und Jacky Kennedy, geb. 28.07.1929
körperlich 74 %, seelisch 86 %, geistig 82 %, feinsinnig 27 %

P
Philippe, König, geb. 15.04.1960, und Königin Mathilde, geb. 20.01.1973
körperlich 48 %, seelisch 7 %, geistig 39 %, feinsinnig 42 %

Presley, Elvis, geb. 08.01.35, u. Priscilla Presley, geb. 24.05.45
körperlich 48 %, seelisch 36 %, geistig 64 %, feinsinnig 42 %

Presley, Elvis und Tochter Lisa Marie, geb.01.02.1968
körperlich 83 %, seelisch 36 %, geistig 94 %, feinsinnig 63 %
Presley, Elvis und seine Mutter
körperlich 91 %, seelisch 93 %, geistig 52 %

Palmer, Lilli, geb. 24.05.14, u. Carlos Thompson, geb.07.07.23
körperlich 65 %, seelisch 93 %, geistig 88 %, feinsinnig 32 %

Pulver, Lilo, geb.11.10.1929, u. Helmut Schmid, geb. 08.04.25
körperlich 22 %, seelisch 64 %, geistig 82 %, feinsinnig 32 %

Pooth, Verona, geb. 30.04.1968, u. Franjo Pooth, geb. 20.07.69
körperlich 22 %, seelisch 86 %, geistig 3 %, feinsinnig 47 %

R
Reagan, Ronald, Expräsident, geb. 06.02.2011,
und Nancy Reagan, geb. 06.07.1923
körperlich 83 %, seelisch 79 %, geistig 27 %, feinsinnig 42 %

Rühmann, Heinz, geb. 07.03.02 und Herta Feiler, geb.03.08.16
körperlich 65 %, seelisch 93 %, geistig 58 %, feinsinnig 0 %

Roos, Mary, geb. 09.01.1949 und Werner Böhm, geb. 05.06.1941
körperlich 30 %, seelisch 79 %, geistig 82 %, feinsinnig 95 %

S
Sarah, geb. 15.10.1992 und Pietro, geb. 09.06.1992
körperlich 13 %, seelisch 14 %, geistig 76 %, feinsinnig 27 %

Sissi, Kaiserin, geb. 24.12.1837 und
Kaiser Franz-Josef, geb. 18.08.1830

körperlich 48 %, seelisch 79 %, geistig 77 %, feinsinnig 30 %

Sissi, Kaiserin und Ludwig von Bayern, geb. 25.08.1845
körperlich 57 %, seelisch 93 %, geistig 76 %, feinsinnig 42 %

Sirikit, Königin, geb. 12.8.32 und König Bhumibol, geb. 05.12.27
körperlich 13 %, seelisch 71 %, geistig 76 %, feinsinnig 89 %

Sinatra, Frank, geb. 12.12.1915 und Ava Gardner, geb.24.12.22
körperlich 39 %, seelisch 50 %, geistig 70 %, feinsinnig 21 %

Schneider, Romy, geb. 23.09.38 und Alain Delon, geb. 08.11.35
körperlich 30 %, seelisch 0 %, geistig 64 %, feinsinnig 27 %

Schneider, Romy und Harry Meyen geb. 31.08.1924
körperlich 39 %, seelisch 14 %, geistig 27 %, feinsinnig 68 %

Schneider, Romy und Karlheinz Böhm, geb. 16.03.1928 körperlich 83 %, seelisch 50 %, geistig 9 %, feinsinnig 74 %

Schneider, Romy und Michel Piccoli, geb. 27.12.1925 körperlich
39 %, seelisch 64 %, geistig 100 %, feinsinnig 10 %

Schneider, Romy und Curd Jürgens, geb.13.12.1915
körperlich 48 %, seelisch 71 %, geistig 89 %, feinsinnig 89 %

Schneider, Magda, geb. 17.05.1909 und
Wolf Albach-Retty, geb. 28.05.1908
körperlich 22 %, seelisch 29 %, geistig 46 %, feinsinnig 37 %

Schumann, Clara, geb. 13.09.1819 und
Robert Schumann, geb. 08.06.1810
körperlich 74 %, seelisch 71 %, geistig 9 %, feinsinnig 89 %

Schumann, Clara und Johannes Brahms, geb. 07.05.1833
körperlich 48 %, seelisch 93 %, geistig 88 %, feinsinnig 63 %

Schell, Maria, geb.05.01.1926 und Veit Relin, geb. 24.09.1926
körperlich 22 %, seelisch 29 %, geistig 88 %, feinsinnig 79 %

Schell, Maria und Tochter Marie-Therese, geb. 30.06.1966 körperlich 74 %, seelisch 86 %, geistig 88 %, feinsinnig 79 %

Schell, Maria und Glenn Ford, geb. 01.05.1916
körperlich 48 %, seelisch 43 %, geistig 70 %, feinsinnig 89 %

Schell, Maria und Gary Cooper, geb.07.05.1901
körperlich 39 %, seelisch 50 %, geistig 100 %, feinsinnig 84 %

Schell, Maria und Yul Brynner, geb, 11.07.1917
körperlich 57 %, seelisch 43 %, geistig 88 %, feinsinnig 16 %

Schmidt, Helmut, geb. 23.12.18 und Loki Schmidt, geb. 3.3.19
körperlich 91 %, seelisch 0 %, geistig 76 %, feinsinnig 68 %

Scholz, Gustav, geb. 12.04.1930 und Helga Scholz, geb. 19.06.35
körperlich 30 %, seelisch 29 %, geistig 21 %, feinsinnig 68 %

Sinnen, Hella v., geb.02.02.59 und Cornelia Scheel, geb. 28.3.63
körperlich 74 %, seelisch 79 %, geistig 82 %, feinsinnig 74 %

Soraya, Exkaiserin, geb. 22.06.1932 und
Schah Reza von Persien, geb. 26.10.19
körperlich 100 %, seelisch 79 %, geistig 82 %, feinsinnig 32 %

Stein, Charlotte von, geb. 25.12.1742 (große Liebe von Goethe),
und Ernst J. von Stein, geb. 14.03.1735
körperlich 22 %, seelisch 7 %, geistig 70 %, feinsinnig 63 %

Swayze, Patrick, geb.18.08.52 und Jennifer Grey, geb. 26.03.60
körperlich 48 %, seelisch 64 %. geistig 70 %, feinsinnig 84 %

Stephanie, Prinzessin, geb. 01.02.1965 und
Anthony Delon, geb. 01.10.1964
körperlich 30 %, seelisch 21 %, geistig 46 %, feinsinnig 53 %

T
Taylor, Elizabeth, geb. 27.02.1932 und
Richard Burton, geb. 10.11.1925
körperlich 100 %, seelisch 71 %, geistig 39 %, feinsinnig 5 %

Taylor, Elizabeth und Michael Wilding, geb. 23.07.1912
körperlich 57 %, seelisch 29 %, geistig 82 %, feinsinnig 27 %

Taylor, Elizabeth und John Warner, geb. 18.02.1927
körperlich 57 %, seelisch 7 %, geistig 21 %, feinsinnig 42 %

Taylor, Elizabeth und Larry Fortensky, geb. 17.01.1952
körperlich 65 %, seelisch 14 %, geistig 76 %, feinsinnig 68 %

Taylor, Elizabeth und Michael Jackson, geb.29.08.1958
körperlich 74 %, seelisch 43 %, geistig 33 %, feinsinnig 47 %

Thurn und Taxis, Gloria von, geb. 23.02.1960 und
Johannes von Thurn und Taxis, geb. 05.06.1926
körperlich 4 %, seelisch 71 %.geistig 58 %, feinsinnig 79 %

Tiller, Nadja, geb. 16.03.1923, u. Walter Giller, geb. 23.08.1927
körperlich 4 %, seelisch 79 %, geistig 76 %, feinsinnig 32 %

Tschechowa, Vera, geb. 22.07.40 und
Vadim Glowna, geb. 26.09.41
körperlich 48 %, seelisch 21 %, geistig 88 %, feinsinnig 95 %

V

Victoria, Kronprinzessin, geb. 14.07.77 und Daniel, geb. 15.09.73
körperlich 57 %, seelisch 86 %, geistig 27 %, feinsinnig 58 %

W

Windsor, Herzog Edward von, geb. 23.06.1894 und
Wallis Simpson, geb. 19.06.1896
körperlich 22 %, seelisch 93 %, geistig 94 %, feinsinnig 74 %

William, Prinz, geb. 21.06.82 und Prinzessin Kate, geb. 09.01.82
körperlich 83 %, seelisch 64 %, geistig 88 %, feinsinnig 42 %

Willem-Alexander, König, geb. 27.04.1967 und
Königin Maxima, geb. 17.05.1971
körperlich 22 %, seelisch 79 %, geistig 76 %, feinsinnig 95 %

Weizsäcker, Richard von, geb.15.04.20, u. Marianne, geb. 17.05.32
körperlich 91 %, seelisch 36 %, geistig 58 %, feinsinnig 63 %

Wussow, Barbara, geb. 28.03.1961 und
Albert Fortell, geb. 05.07.1952
körperlich 22 %, seelisch 71 %, geistig 21 %, feinsinnig 79 %

Wussow, Klaus-Jürgen, geb. 30.04.1929 und Ida Krottendorf,
geb. 05.04.1933
körperlich 13 %, seelisch 43 %, geistig 3 %, feinsinnig 58 %

Wussow, Klaus-Jürgen und Yvonne Viehöver, geb. 15.03.1955
körperlich 74 %, seelisch 0 %, geistig 27 %, feinsinnig 37 %

Wood, Natalie, geb. 20.07.38 und Robert Wagner, geb. 10.02.30
körperlich 100 %, seelisch 86 %, geistig 21 %, feinsinnig 79 %

z

Zeta-Jones, Catherine, geb. 25.09.69 und
Michael Douglas, geb. 25.09.44
körperlich 100 %, seelisch 79 %, geistig 39 %, feinsinnig 42 %

Grund- und Schlüsselzahlen zur Berechnung des Biorhythmus und der Partnerschaft

Grundzahlen von 1889 - 1999
Schlüsselzahlen von 1981 - 2000
von Walter A. Appel

Tabelle A
Grundzahlen für den Geburtstag und Geburtsmonat

Tag	Januar k	s	g	f	Tag	Februar k	s	g	f	Tag	März k	s	g	f
1.	0	0	0	0	1.	15	25	2	7	1.	10	25	7	17
2.	22	27	32	37	2.	14	24	1	6	2.	9	24	6	16
3.	21	26	31	36	3.	13	23	0	5	3.	8	23	5	15
4.	20	25	30	35	4.	12	22	32	4	4.	7	22	4	14
5.	19	24	29	34	5.	11	21	31	3	5.	6	21	3	13
6.	18	23	28	33	6.	10	20	30	2	6.	5	20	2	12
7.	17	22	27	32	7.	9	19	29	1	7.	4	19	1	11
8.	16	21	26	31	8.	8	18	28	0	8.	3	18	0	10
9.	15	20	25	30	9.	7	17	27	37	9.	2	17	32	9
10.	14	19	24	29	10.	6	16	26	36	10.	1	16	31	8
11.	13	18	23	28	11.	5	15	25	35	11.	0	15	30	7
12.	12	17	22	27	12.	4	14	24	34	12.	22	14	29	6
13.	11	16	21	26	13.	3	13	23	33	13.	21	13	28	5
14.	10	15	20	25	14.	2	12	22	32	14.	20	12	27	4
15.	9	14	19	24	15.	1	11	21	31	15.	19	11	26	3
16.	8	13	18	23	16.	0	10	20	30	16.	18	10	25	2
17.	7	12	17	22	17.	22	9	19	29	17.	17	9	24	1
18.	6	11	16	21	18.	21	8	18	28	18.	16	8	23	0
19.	5	10	15	20	19.	20	7	17	27	19.	15	7	22	37
20.	4	9	14	19	20.	19	6	16	26	20.	14	6	21	36
21.	3	8	13	18	21.	18	5	15	25	21.	13	5	20	35
22.	2	7	12	17	22.	17	4	14	24	22.	12	4	19	34
23.	1	6	11	16	23.	16	3	13	23	23.	11	3	18	33
24.	0	5	10	15	24.	15	2	12	22	24.	10	2	17	32
25.	22	4	9	14	25.	14	1	11	21	25.	9	1	16	31
26.	21	3	8	13	26.	13	0	10	20	26.	8	0	15	30
27.	20	2	7	12	27.	12	27	9	19	27.	7	27	14	29
28.	19	1	6	11	28.	11	26	8	18	28.	6	26	13	28
29.	18	0	5	10	29.	10	25	7	17	29.	5	25	12	27
30.	17	27	4	9						30.	4	24	11	26
31.	16	26	3	8						31.	3	23	10	25

38

Grundzahlen für den Geburtstag und Geburtsmonat

	April					Mai					Juni			
Tag	k	s	g	f	Tag	k	s	g	f	Tag	k	s	g	f
1.	2	22	9	24	1.	18	20	12	32	1.	10	17	14	1
2.	1	21	8	23	2.	17	19	11	31	2.	9	16	13	0
3.	0	20	7	22	3.	16	18	10	30	3.	8	15	12	37
4.	22	19	6	21	4.	15	17	9	29	4.	7	14	11	36
5.	21	18	5	20	5.	14	16	8	28	5.	6	13	10	35
6.	20	17	4	19	6.	13	15	7	27	6.	5	12	9	34
7.	19	16	3	18	7.	12	14	6	26	7.	4	11	8	33
8.	18	15	2	17	8.	11	13	5	25	8.	3	10	7	32
9.	17	14	1	16	9.	10	12	4	24	9.	2	9	6	31
10.	16	13	0	15	10.	9	11	3	23	10.	1	8	5	30
11.	15	12	32	14	11.	8	10	2	22	11.	0	7	4	29
12.	14	11	31	13	12.	7	9	1	21	12.	22	6	3	28
13.	13	10	30	12	13.	6	8	0	20	13.	21	5	2	27
14.	12	9	29	11	14.	5	7	32	19	14.	20	4	1	26
15.	11	8	28	10	15.	4	6	31	18	15.	19	3	0	25
16.	10	7	27	9	16.	3	5	30	17	16.	18	2	32	24
17.	9	6	26	8	17.	2	4	29	16	17.	17	1	31	23
18.	8	5	25	7	18.	1	3	28	15	18.	16	0	30	22
19.	7	4	24	6	19.	0	2	27	14	19.	15	27	29	21
20.	6	3	23	5	20.	22	1	26	13	20.	14	26	28	20
21.	5	2	22	4	21.	21	0	25	12	21.	13	25	27	19
22.	4	1	21	3	22.	20	27	24	11	22.	12	24	26	18
23.	3	0	20	2	23.	19	26	23	10	23.	11	23	25	17
24.	2	27	19	1	24.	18	25	22	9	24.	10	22	24	16
25.	1	26	18	0	25.	17	24	21	8	25.	9	21	23	15
26.	0	25	17	37	26.	16	23	20	7	26.	8	20	22	14
27.	22	24	16	36	27.	15	22	19	6	27.	7	19	21	13
28.	21	23	15	35	28.	14	21	18	5	28.	6	18	20	12
29.	20	22	14	34	29.	13	20	17	4	29.	5	17	19	11
30.	19	21	13	33	30.	12	19	16	3	30.	4	16	18	10
					31.	11	18	15	2					

Grundzahlen für den Geburtstag und Geburtsmonat

Tag	Juli k	s	g	f	Tag	August k	s	g	f	Tag	September k	s	g	f
1.	3	15	17	9	1.	18	12	19	16	1.	10	9	21	23
2.	2	14	16	8	2.	17	11	18	15	2.	9	8	20	22
3.	1	13	15	7	3.	16	10	17	14	3.	8	7	19	21
4.	0	12	14	6	4.	15	9	16	13	4.	7	6	18	20
5.	22	11	13	5	5.	14	8	15	12	5.	6	5	17	19
6.	21	10	12	4	6.	13	7	14	11	6.	5	4	16	18
7.	20	9	11	3	7.	12	6	13	10	7.	4	3	15	17
8.	19	8	10	2	8.	11	5	12	9	8.	3	2	14	16
9.	18	7	9	1	9.	10	4	11	8	9.	2	1	13	15
10.	17	6	8	0	10.	9	3	10	7	10.	1	0	12	14
11.	16	5	7	37	11.	8	2	9	6	11.	0	27	11	13
12.	15	4	6	36	12.	7	1	8	5	12.	22	26	10	12
13.	14	3	5	35	13.	6	0	7	4	13.	21	25	9	11
14.	13	2	4	34	14.	5	27	6	3	14.	20	24	8	10
15.	12	1	3	33	15.	4	26	5	2	15.	19	23	7	9
16.	11	0	2	32	16.	3	25	4	1	16.	18	22	6	8
17.	10	27	1	31	17.	2	24	3	0	17.	17	21	5	7
18.	9	26	0	30	18.	1	23	2	37	18.	16	20	4	6
19.	8	25	32	29	19.	0	22	1	36	19.	15	19	3	5
20.	7	24	31	28	20.	22	21	0	35	20.	14	18	2	4
21.	6	23	30	27	21.	21	20	32	34	21.	13	17	1	3
22.	5	22	29	26	22.	20	19	31	33	22.	12	16	0	2
23.	4	21	28	25	23.	19	18	30	32	23.	11	15	32	1
24.	3	20	27	24	24.	18	17	29	31	24.	10	14	31	0
25.	2	19	26	23	25.	17	16	28	30	25.	9	13	30	37
26.	1	18	25	22	26.	16	15	27	29	26.	8	12	29	36
27.	0	17	24	21	27.	15	14	26	28	27.	7	11	28	35
28.	22	16	23	20	28.	14	13	25	27	28.	6	10	27	34
29.	21	15	22	19	29.	13	12	24	26	29.	5	9	26	33
30.	20	14	21	18	30.	12	11	23	25	30.	4	8	25	32
31.	19	13	20	17	31.	11	10	22	24					

Grundzahlen für den Geburtstag und Geburtsmonat

Tag	Oktober k	s	g	f	Tag	November k	s	g	f	Tag	Dezember k	s	g	f
1.	3	7	24	31	1.	18	4	26	0	1.	11	2	29	8
2.	2	6	23	30	2.	17	3	25	37	2.	10	1	28	7
3.	1	5	22	29	3.	16	2	24	36	3.	9	0	27	6
4.	0	4	21	28	4.	15	1	23	35	4.	8	27	26	5
5.	22	3	20	27	5.	14	0	22	34	5.	7	26	25	4
6.	21	2	19	26	6.	13	27	21	33	6.	6	25	24	3
7.	20	1	18	25	7.	12	26	20	32	7.	5	24	23	2
8.	19	0	17	24	8.	11	25	19	31	8.	4	23	22	1
9.	18	27	16	23	9.	10	24	18	30	9.	3	22	21	0
10.	17	26	15	22	10.	9	23	17	29	10.	2	21	20	37
11.	16	25	14	21	11.	8	22	16	28	11.	1	20	19	36
12.	15	24	13	20	12.	7	21	15	27	12.	0	19	18	35
13.	14	23	12	19	13.	6	20	14	26	13.	22	18	17	34
14.	13	22	11	18	14.	5	19	13	25	14.	21	17	16	33
15.	12	21	10	17	15.	4	18	12	24	15.	20	16	15	32
16.	11	20	9	16	16.	3	17	11	23	16.	19	15	14	31
17.	10	19	8	15	17.	2	16	10	22	17.	18	14	13	30
18.	9	18	7	14	18.	1	15	9	21	18.	17	13	12	29
19.	8	17	6	13	19.	0	14	8	20	19.	16	12	11	28
20.	7	16	5	12	20.	22	13	7	19	20.	15	11	10	27
21.	6	15	4	11	21.	21	12	6	18	21.	14	10	9	26
22.	5	14	3	10	22.	20	11	5	17	22.	13	9	8	25
23.	4	13	2	9	23.	19	10	4	16	23.	12	8	7	24
24.	3	12	1	8	24.	18	9	3	15	24.	11	7	6	23
25.	2	11	0	7	25.	17	8	2	14	25.	10	6	5	22
26.	1	10	32	6	26.	16	7	1	13	26.	9	5	4	21
27.	0	9	31	5	27.	15	6	0	12	27.	8	4	3	20
28.	22	8	30	4	28.	14	5	32	11	28.	7	3	2	19
29.	21	7	29	3	29.	13	4	31	10	29.	6	2	1	18
30.	20	6	28	2	30.	12	3	30	9	30.	5	1	0	17
31.	19	5	27	1						31.	4	0	32	16

Tabelle B
Grundzahlen für das Jahr der Geburt (1889–1999)

	Jahr	k	s	g	f		Jahr	k	s	g	f
	1889	5	0	18	2		1917	14	22	22	36
	1890	8	27	16	17		1918	17	21	20	13
	1891	11	26	14	32		1919	20	20	18	28
Jan-Feb	1892	14	25	12	9	Jan-Feb	1920	0	19	16	5
Mrz-Dez	1892	13	24	11	8	Mrz-Dez	1920	22	18	15	4
	1893	16	23	9	23		1921	2	17	13	19
	1894	19	22	7	0		1922	5	16	11	34
	1895	22	21	5	15		1923	8	15	9	11
Jan-Feb	1896	2	20	3	30	Jan-Feb	1924	11	14	7	26
Mrz-Dez	1896	1	19	2	29	Mrz-Dez	1924	10	13	6	25
	1897	4	18	0	6		1925	13	12	4	2
	1898	7	17	31	21		1926	16	11	2	17
	1899	10	16	29	36		1927	19	10	0	32
	1900	13	15	27	13	Jan-Feb	1928	22	9	31	9
	1901	16	14	25	28	Mrz-Dez	1928	21	8	30	8
	1902	19	13	23	5		1929	1	7	28	23
	1903	22	12	21	20		1930	4	6	26	0
Jan-Feb	1904	2	11	19	35		1931	7	5	24	15
Mrz-Dez	1904	1	10	18	34	Jan-Feb	1932	10	4	22	30
	1905	4	9	16	11	Mrz-Dez	1932	9	3	21	29
	1906	7	8	14	26		1933	12	2	19	6
	1907	10	7	12	3		1934	15	1	17	21
Jan-Feb	1908	13	6	10	18		1935	18	0	15	36
Mrz-Dez	1908	12	5	9	17	Jan-Feb	1936	21	27	13	13
	1909	15	4	7	32	Mrz-Dez	1936	20	26	12	12
	1910	18	3	5	9		1937	0	25	10	27
	1911	21	2	3	24		1938	3	24	8	4
Jan-Feb	1912	1	1	1	1		1939	6	23	6	19
Mrz-Dez	1912	0	0	0	0	Jan-Feb	1940	9	22	4	34
	1913	3	27	31	15	Mrz-Dez	1940	8	21	3	33
	1914	6	26	29	30		1941	11	20	1	10
	1915	9	25	27	7		1942	14	19	32	25
Jan-Feb	1916	12	24	25	22		1943	17	18	30	2
Mrz-Dez	1916	11	23	24	21						

Grundzahlen für das Jahr der Geburt (1889–1999)

	Jahr	k	s	g	f		Jahr	k	s	g	f
Jan-Feb	1944	20	17	28	17	Jan-Feb	1972	5	10	31	12
Mrz-Dez	1944	19	16	27	16	Mrz-Dez	1972	4	9	30	11
	1945	22	15	25	31		1973	7	8	28	26
	1946	2	14	23	8		1974	10	7	26	3
	1947	5	13	21	23		1975	13	6	24	18
Jan-Feb	1948	8	12	19	0	Jan-Feb	1976	16	5	22	33
Mrz-Dez	1948	7	11	18	37	Mrz-Dez	1976	15	4	21	32
	1949	10	10	16	14		1977	18	3	19	9
	1950	13	9	14	29		1978	21	2	17	24
	1951	16	8	12	6		1979	1	1	15	1
Jan-Feb	1952	19	7	10	21	Jan-Feb	1980	4	0	13	16
Mrz-Dez	1952	18	6	9	20	Mrz-Dez	1980	3	27	12	15
	1953	21	5	7	35		1981	8	26	10	30
	1954	1	4	5	12		1982	9	25	8	7
	1955	4	3	3	27		1983	12	24	6	22
Jan-Feb	1956	7	2	1	4	Jan-Feb	1984	15	23	4	37
Mrz-Dez	1956	6	1	0	3	Mrz-Dez	1984	14	22	3	36
	1957	9	0	31	18		1985	17	21	1	13
	1958	12	27	29	33		1986	20	20	32	28
	1959	15	26	27	10		1987	0	19	30	5
Jan-Feb	1960	18	25	25	25	Jan-Feb	1988	3	18	28	20
Mrz-Dez	1960	17	24	24	24	Mrz-Dez	1988	2	17	27	19
	1961	20	23	22	1		1989	5	16	25	34
	1962	0	22	20	16		1990	8	15	23	11
	1963	3	21	18	31		1991	11	14	21	26
Jan-Feb	1964	6	20	16	8	Jan-Feb	1992	14	13	19	3
Mrz-Dez	1964	5	19	15	7	Mrz-Dez	1992	13	12	18	2
	1965	8	18	13	22		1993	16	11	16	17
	1966	11	17	11	37		1994	19	10	14	32
	1967	14	16	9	14		1995	22	9	12	1
Jan-Feb	1968	17	15	7	29	Jan-Feb	1996	2	8	10	24
Mrz-Dez	1968	16	14	6	28	Mrz-Dez	1996	1	7	9	23
	1969	19	13	4	5		1997	4	6	7	0
	1970	22	12	2	20		1998	7	5	5	15
	1971	2	11	0	35		1999	10	4	3	30

Tabelle C
Schlüsselzahlen für den jeweiligen 1. Tag des Ermittlungsmonats

	1981				1982				1983				1984			
	k	s	g	f	k	s	g	f	k	s	g	f	k	s	g	f
Jan	18	3	24	9	15	4	26	32	12	5	28	17	9	6	30	2
Feb	3	6	22	2	0	7	24	25	20	8	26	10	17	9	28	33
Mrz	8	6	17	30	5	7	19	15	2	8	21	0	0	10	24	24
Apr	16	9	15	23	13	10	17	8	10	11	19	31	8	13	22	17
Mai	0	11	12	15	20	12	14	0	17	13	16	23	15	15	19	9
Jun	8	14	10	8	5	15	12	31	2	16	14	16	0	18	17	2
Jul	15	16	7	0	12	17	9	23	9	18	11	8	7	20	14	32
Aug	0	19	5	31	20	20	7	16	17	21	9	1	15	23	12	25
Sep	8	22	3	24	5	23	5	9	2	24	7	32	0	26	10	18
Okt	15	24	0	16	12	25	2	1	9	26	4	24	7	0	7	10
Nov	0	27	31	9	20	0	0	32	17	1	2	17	15	3	5	3
Dez	7	1	28	1	4	2	30	24	1	3	32	9	22	5	2	33

χ	1985				1986				1987				1988 : δ			
	k	s	g	f	k	s	g	f	k	s	g	f	k	s	g	f
Jan	7	8	0	26	4	9	2	11	1	10	4	34	21	11	6	19
Feb	15	11	31	19	12	12	0	4	9	13	2	27	6	14	4	12
Mrz	20	11	26	9	17	12	28	32	14	13	30	17	12	15	0	3
Apr	5	14	24	2	2	15	26	25	22	16	28	10	20	18	31	34
Mai	12	16	21	32	9	17	23	17	6	18	25	2	4	20	28	26
Jun	20	19	19	25	17	20	21	10	14	21	23	33	12	23	26	19
Jul	4	21	16	17	1	22	18	2	21	23	20	25	19	25	23	11
Aug	12	24	14	10	9	25	16	33	6	26	18	18	4	28	21	4
Sep	20	27	12	3	17	28	14	26	14	1	16	11	12	3	19	35
Okt	4	1	9	33	1	2	11	18	21	3	13	3	19	5	16	27
Nov	12	4	7	26	9	5	9	11	6	6	11	34	4	8	14	20
Dez	19	6	4	18	16	7	6	3	13	8	8	26	11	10	11	12

Schlüsselzahlen für den jeweiligen 1. Tag des Ermittlungsmonats

	1989				1990				1991				1992			
	k	s	g	f	k	s	g	f	k	s	g	f	k	s	g	f
Jan	19	13	9	5	16	14	11	28	13	15	13	13	10	16	15	36
Feb	4	16	7	36	1	17	9	21	21	18	11	6	18	19	13	29
Mrz	9	16	2	26	6	17	4	11	3	18	6	34	1	20	9	20
Apr	17	19	0	19	14	20	2	4	11	21	4	27	9	23	7	13
Mai	1	21	30	11	21	22	32	34	18	23	1	19	16	25	4	5
Jun	9	24	28	4	6	25	30	27	3	26	32	12	1	0	2	36
Jul	16	26	25	34	13	27	27	19	10	0	29	4	8	2	32	28
Aug	1	1	23	27	21	2	25	12	18	3	27	35	16	5	30	21
Sep	9	4	21	20	6	5	23	5	3	6	25	28	1	8	28	14
Okt	16	6	18	12	13	7	20	35	10	8	22	20	8	10	25	6
Nov	1	9	16	5	21	10	18	28	18	11	20	13	16	13	23	37
Dez	8	11	13	35	5	12	15	20	2	13	17	5	0	15	20	29

	1993				1994				1995				1996			
	k	s	g	f	k	s	g	f	k	s	g	f	k	s	g	f
Jan	8	18	18	22	5	19	20	7	2	20	22	30	22	21	24	15
Feb	16	21	16	15	13	22	18	0	10	23	20	23	7	24	22	8
Mrz	21	21	11	5	18	22	13	28	15	23	15	13	13	25	18	37
Apr	6	24	9	36	3	25	11	21	0	26	13	6	21	0	16	30
Mai	13	26	6	28	10	27	8	13	7	0	10	36	5	2	13	22
Jun	21	1	4	21	18	2	6	6	15	3	8	29	13	5	11	15
Jul	5	3	1	13	2	4	3	36	22	5	5	21	20	7	8	7
Aug	13	6	32	6	10	7	1	29	7	8	3	14	5	10	6	0
Sep	21	9	30	37	18	10	32	22	15	11	1	7	13	13	4	31
Okt	5	11	27	29	2	12	29	14	22	13	31	37	20	15	1	23
Nov	13	14	25	22	10	15	27	7	7	16	29	30	5	18	32	16
Dez	20	16	22	14	17	17	24	37	14	18	26	22	12	20	29	8

Schlüsselzahlen für den jeweiligen 1. Tag des Ermittlungsmonats

	1997				1998				1999				2000			
	k	s	g	f	k	s	g	f	k	s	g	f	k	s	g	f
Jan	20	23	27	1	17	24	29	24	14	25	31	9	11	26	0	32
Feb	5	26	25	32	2	27	27	17	22	0	29	2	19	1	31	25
Mrz	10	26	20	22	7	27	22	7	4	0	24	30	2	2	27	16
Apr	18	1	18	15	15	2	20	0	12	3	22	23	10	5	25	9
Mai	2	3	15	7	22	4	17	30	19	5	19	15	17	7	22	1
Jun	10	6	13	0	7	7	15	23	4	8	17	8	2	10	20	32
Jul	17	8	10	30	14	9	12	15	11	10	14	0	9	12	17	24
Aug	2	11	8	23	22	12	10	8	19	13	12	31	17	15	15	17
Sep	10	14	6	16	7	15	8	1	4	16	10	24	2	18	13	10
Okt	17	16	3	8	14	17	5	31	11	18	7	16	9	20	10	2
Nov	2	19	1	1	22	20	3	24	19	21	5	9	17	23	8	33
Dez	9	21	31	31	6	22	0	16	3	23	2	1	1	25	5	25

Fortsetzung der Schlüsselzahlen-Tabellen
von 2000 - 2026
für ein Bio-Rhythmogramm
von Ursula Calimeris

Grundzahlen für das Jahr der Geburt (2000-2026)

	Jahr	k	s	g	f
Jan-Feb	2000	13	3	1	7
Mrz-Dez	2000	12	2	0	6
	2001	15	1	31	21
	2002	18	0	29	36
	2003	21	27	27	13
Jan-Feb	2004	1	26	25	28
Mrz-Dez	2004	0	25	24	27
	2005	3	24	22	4
	2006	6	23	20	19
	2007	9	22	18	34
Jan-Feb	2008	12	21	16	11
Mrz-Dez	2008	11	20	15	10
	2009	14	19	13	25
	2010	17	18	11	2
	2011	20	17	9	17
Jan-Feb	2012	0	16	7	32
Mrz-Dez	2012	22	15	6	31
	2013	2	14	4	8
	2014	5	13	2	23
	2015	8	12	0	0

Jan-Feb	2016	11	11	31	15
Mrz-Dez	2016	10	10	30	14
	2017	13	9	28	29
	2018	16	8	26	6
	2019	19	7	24	21
Jan-Feb	2020	22	6	22	36
Mrz-Dez	2020	21	5	21	35
	2021	1	4	19	12
	2022	4	3	17	27
	2023	7	2	15	4
Jan-Feb	2024	10	1	13	19
Mrz-Dez	2024	9	0	12	18
	2025	12	27	10	33
	2026	15	26	8	10

Schlüsselzahlen für den 1. Tag eines Monats von 2001 - 2026

	2001				2002				2003			
	k	s	g	f	k	s	g	f	k	s	g	f
Jan	9	28	3	18	6	1	5	3	3	2	7	26
Feb	17	3	1	11	14	4	3	34	11	5	5	19
Mrz	22	3	29	1	19	4	31	24	16	5	0	9
Apr	7	6	27	32	4	7	29	17	1	8	31	2
Mai	14	8	24	24	11	9	26	9	8	10	28	32
Jun	22	11	22	17	19	12	24	2	16	13	26	25
Jul	6	13	19	9	3	14	21	32	23	15	23	17
Aug	14	16	17	2	11	17	19	25	8	18	21	10
Sep	22	19	15	33	19	20	17	18	16	21	19	3
Okt	6	21	12	25	3	22	14	10	23	23	16	33
Nov	14	24	10	18	11	25	12	3	8	26	14	26
Dez	21	26	7	10	18	27	9	33	15	28	11	18

	2004				2005				2006			
	k	s	g	f	k	s	g	f	k	s	g	f
Jan	0	3	9	11	21	5	12	35	18	6	14	20
Feb	8	6	7	4	6	8	10	28	3	9	12	13
Mrz	14	7	3	33	11	8	5	18	8	9	7	3
Apr	22	10	1	26	19	11	3	11	16	12	5	34
Mai	6	12	31	18	3	13	0	3	0	14	2	26
Jun	14	15	29	11	11	16	31	34	8	17	0	19
Jul	21	17	26	3	18	18	28	26	15	19	30	11
Aug	6	20	24	34	3	21	26	19	0	22	28	4
Sep	14	23	22	27	11	24	24	12	8	25	26	35
Okt	21	25	19	19	18	26	21	4	15	27	23	27
Nov	6	0	17	12	3	1	19	35	0	2	21	20
Dez	13	2	14	4	10	3	16	27	7	4	18	12

	2007 k	s	g	f	2008 k	s	g	f	2009 k	s	g	f
Jan	15	7	16	5	12	8	18	28	10	10	21	14
Feb	0	10	14	36	20	11	16	21	18	13	19	7
Mrz	5	10	9	26	3	12	12	12	0	13	14	35
Apr	13	13	7	19	11	15	10	5	8	16	12	28
Mai	20	15	4	11	18	17	7	35	15	18	9	20
Jun	5	18	2	4	3	20	5	28	0	21	7	13
Jul	12	20	32	34	10	22	2	20	7	23	4	5
Aug	20	23	30	27	18	25	0	13	15	26	2	36
Sep	5	26	28	20	3	28	31	6	0	1	0	29
Okt	12	28	25	12	10	2	28	36	7	3	30	21
Nov	20	3	23	5	18	5	26	29	15	6	28	14
Dez	4	5	20	35	2	7	23	21	22	8	25	6

	2010 k	s	g	f	2011 k	s	g	f	2012 k	s	g	f
Jan	7	11	23	37	4	12	25	22	1	13	27	7
Feb	15	14	21	30	12	15	23	15	9	16	25	0
Mrz	20	14	16	20	17	15	18	5	15	17	21	29
Apr	5	17	14	13	2	18	16	36	0	20	19	22
Mai	12	19	11	5	9	20	13	28	7	22	16	14
Jun	20	22	9	36	17	23	11	21	15	25	14	7
Jul	4	24	6	28	1	25	8	13	22	27	11	37
Aug	12	27	4	21	9	28	6	6	7	2	9	30
Sep	20	2	2	14	17	3	4	37	15	5	7	23
Okt	4	4	32	6	1	5	1	29	22	7	4	15
Nov	12	7	30	37	9	8	32	22	7	10	2	8
Dez	19	9	27	29	16	10	29	14	14	12	32	0

	2013 k	s	g	f		2014 k	s	g	f		2015 k	s	g	f
Jan	22	15	30	31		19	16	32	16		16	17	1	1
Feb	7	18	28	24		4	19	30	9		1	20	32	32
Mrz	12	18	23	14		9	19	25	37		6	20	27	22
Apr	20	21	21	7		17	22	23	30		14	23	25	15
Mai	4	23	18	37		1	24	20	22		21	25	22	7
Jun	12	26	16	30		9	27	18	15		6	28	20	0
Jul	19	28	13	22		16	1	15	7		13	2	17	30
Aug	4	3	11	15		1	4	13	0		21	5	15	23
Sep	12	6	9	8		9	7	11	31		6	8	13	16
Okt	19	8	6	0		16	9	8	23		13	10	10	8
Nov	4	11	4	31		1	12	6	16		21	13	8	1
Dez	11	13	1	23		8	14	3	8		5	15	5	31

	2016 k	s	g	f		2017 k	s	g	f		2018 k	s	g	f
Jan	13	18	3	24		11	20	6	10		8	21	8	33
Feb	21	21	1	17		19	23	4	3		16	24	6	26
Mrz	4	22	30	8		1	23	32	31		21	24	1	16
Apr	12	25	28	1		9	26	30	24		6	27	32	9
Mai	19	27	25	31		16	28	27	16		13	1	29	1
Jun	4	2	23	24		1	3	25	9		21	4	27	32
Jul	11	4	20	16		8	5	22	1		5	6	24	24
Aug	19	7	18	9		16	8	20	32		13	9	22	17
Sep	4	10	16	2		1	11	18	25		21	12	20	10
Okt	11	12	13	32		8	13	15	17		5	14	17	2
Nov	19	15	11	25		16	16	13	10		13	17	15	33
Dez	3	17	8	17		0	18	10	2		20	19	12	25

	2019					**2020**					**2021**			
	k	s	g	f		k	s	g	f		k	s	g	f
Jan	5	22	10	18		2	23	12	3		23	25	15	27
Feb	13	25	8	11		10	26	10	34		8	28	13	20
Mrz	18	25	3	1		16	27	6	25		13	28	8	10
Apr	3	28	1	32		1	2	4	18		21	3	6	3
Mai	10	2	31	24		8	4	1	10		5	5	3	33
Jun	18	5	29	17		16	7	32	3		13	8	1	26
Jul	2	7	26	9		23	9	29	33		20	10	31	18
Aug	10	10	24	2		8	12	27	26		5	13	29	11
Sep	18	13	22	33		16	15	25	19		13	16	27	4
Okt	2	15	19	25		23	17	22	11		20	18	24	34
Nov	10	18	17	18		8	20	20	4		5	21	22	27
Dez	17	20	14	10		15	22	17	34		12	23	19	19

	2022					**2023**					**2024**			
	k	s	g	f		k	s	g	f		k	s	g	f
Jan	20	26	17	12		17	27	19	35		14	28	21	20
Feb	5	1	15	5		2	2	17	28		22	3	19	13
Mrz	10	1	10	33		7	2	12	18		5	4	15	4
Apr	18	4	8	26		15	5	10	11		13	7	13	35
Mai	2	6	5	18		22	7	7	3		20	9	10	27
Jun	10	9	3	11		7	10	5	34		5	12	8	20
Jul	17	11	0	3		14	12	2	26		12	14	5	12
Aug	2	14	31	34		22	15	0	19		20	17	3	5
Sep	10	17	29	27		7	18	31	12		5	20	1	36
Okt	17	19	26	19		14	20	28	4		12	22	31	28
Nov	2	22	24	12		22	23	26	35		20	25	29	21
Dez	9	24	21	4		6	25	23	27		4	27	26	13

	2025				2026			
	k	s	g	f	k	s	g	f
Jan	12	2	24	6	9	3	26	29
Feb	20	5	22	37	17	6	24	22
Mrz	2	5	17	27	22	6	19	12
Apr	10	8	15	20	7	9	17	5
Mai	17	10	12	12	14	11	14	35
Jun	2	13	10	5	22	14	12	28
Jul	9	15	7	35	6	16	9	20
Aug	17	18	5	28	14	19	7	13
Sep	2	21	3	21	22	22	5	6
Okt	9	23	0	13	6	24	2	36
Nov	17	26	31	6	14	27	0	29
Dez	1	28	28	36	21	1	30	21

Anleitung
zur prozentualen Partnerschaftsberechnung
nach dem Schlüsselzahlen-System

Als Grundlage zur Anfertigung einer Partnerschaftsberechnung benötigt man von beiden Partnern **4 Grundzahlen für den Geburtstag und Geburtsmonat, die Sie auf den Seiten 1-4 erhalten. Auf den Seiten 5-6 erhalten Sie die 4 Grundzahlen für das Jahr der Geburt.** Diese zwei Zahlengruppen müssen bei beiden Partnern untereinander addiert werden und ergeben somit die gesuchten Restzahlen. Wenn die Additionswerte höher sind als die vollen Periodenzahlen (**23, 28, 33 und 38**), so werden letztere von jenen abgezogen.

Berechnungsbeispiel für Prinzessin Kate, geb. 09.01.1982, und Prinz William, geb. 21.06.1982:

Prinzessin Kate					Prinz William				
9. Januar	15	20	25	30	21. Juni	13	25	27	19
1982	9	25	8	7	1982	9	25	8	7
	24	45	33	37		22	50	35	26
	−23	28	00	00		−00	28	33	00
Restzahl.	1	17	33	37		22	22	2	26

Von den gefundenen Restzahlen bei beiden Partnern wird die niedrigere von der höheren abgezogen (subtrahiert).

	22	22	33	37
	−01	17	02	26
Differenztage	21	5	31	11

Auf der Berechnungstabelle erhalten Sie aufgrund der Differenztage das prozentuale Ergebnis:

M-Rhythmus	W-Rhythmus	I-Rhythmus	F-Rhythmus
körperlich	seelisch	geistig	feinsinnig
83 Prozent	64 Prozent	88 Prozent	42 Prozent

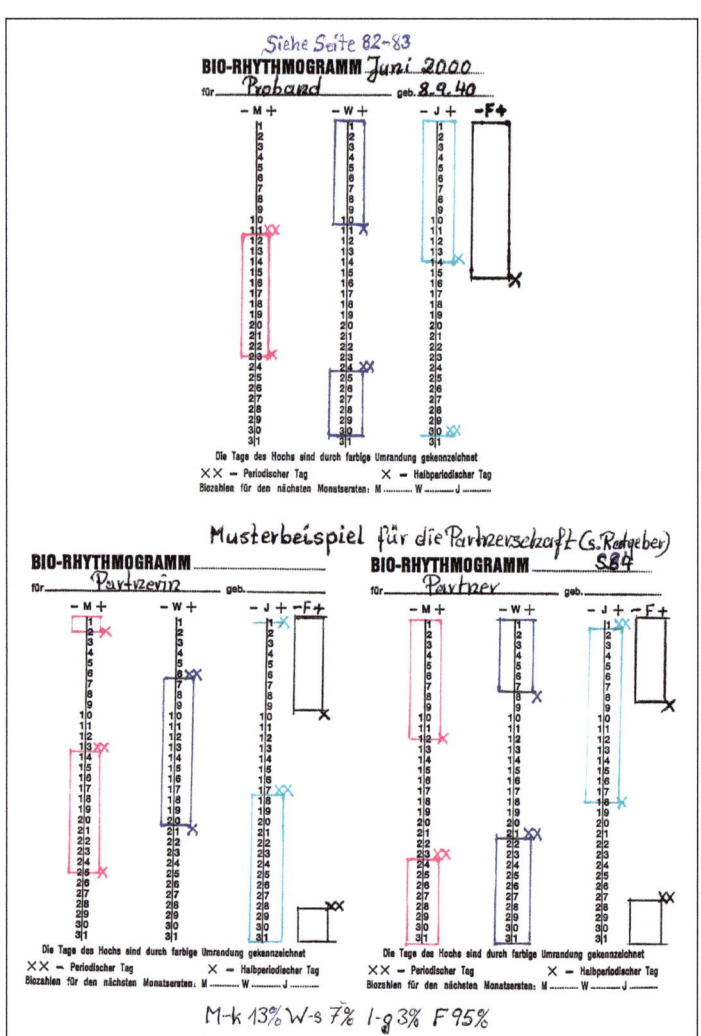

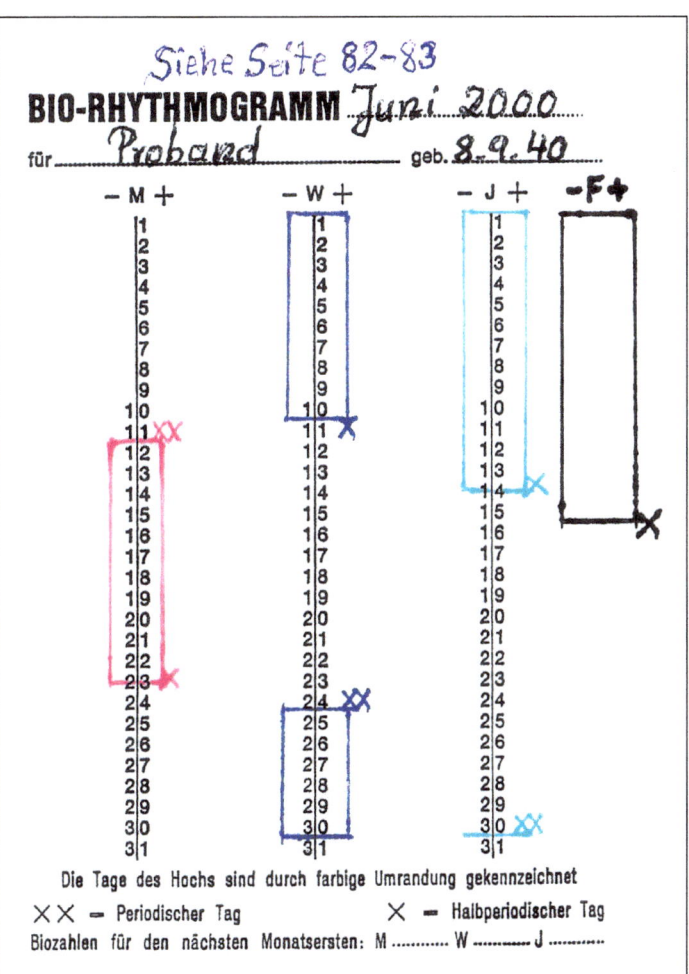

Siehe Seite 82–83

BIO-RHYTHMOGRAMM Juni 2000

für **Proband** geb. **8.9.40**

− M +	− W +	− J +	−F+

Die Tage des Hochs sind durch farbige Umrandung gekennzeichnet

✕✕ = Periodischer Tag ✕ = Halbperiodischer Tag

Biozahlen für den nächsten Monatsersten: M .... W .... J ....

EIN HERZ FÜR AUTOREN A HEART FOR AUTHORS À L'ÉCOUTE DES AUTEURS MIA KAPΔIA ΓIA ΣYΓΓF
HJÄRTA FÖR FÖRFATTARE UN CORAZÓN POR LOS AUTORES YAZARLARIMIZA GÖNÜL VERELIM SZ
CUORE PER AUTORI ET HJERTE FOR FORFATTERE EEN HART VOOR SCHRIJVERS TEMOS OS AUTO
SERCE DLA AUTORÓW EIN HERZ FÜR AUTOREN A HEART FOR AUTHORS À L'ÉCOU
CORAÇÃO BCEЙ ДУШОЙ К АВТОРАМ ETT HJÄRTA FÖR FÖRFATTARE À LA ESCUCHA DE LOS AUTO
MIA KAPΔIA ΓIA ΣYΓΓPAΦEIΣ UN CUORE PER AUTORI ET HJERTE FOR FORFATTERE EEN
SERCE DLA AUTORÓW EIN HERZ FÜ
CORAÇÃO BCEЙ ДУШОЙ К АВТОРАМ ETT HJÄRTA FÖ

Die Autorin

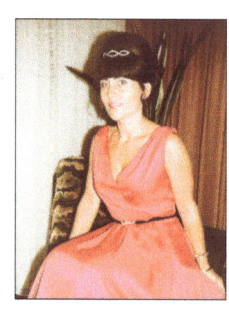

Ursula Calimeris ist im Rheinland geboren.

Der Tod der Mutter durchkreuzte die geplante Ausbildung zur Designerin. Ursula musste die Schule abbrechen, um Vater und Geschwister zu versorgen.

Nebenbei erlernte sie das Handwerk bei einer Schneidermeisterin.

Für eine Einladung mit Prominenz entwarf sie für sich ein rotes Abendkleid. An diesem Abend schritt sie zum ersten Mal über einen roten Teppich. Nach schmerzvollen Jahren erlebte sie ein großes Glücksgefühl durch die ehrenvolle Einladung.

Seit vielen Jahren widmet sie sich intensiv dem Studium der Biorhythmik und anderen Wissenschaften. Es sind zahlreiche Artikel über Partnerschaftsanalysen, Numerologie, Blutgruppencharakterisierung und Karma veröffentlicht worden. Eines ihrer Stärken ist, sich in andere hineinzufühlen.

Sie liebt die Musik, Klassik bis Folklore.

Ursula hat mit 20 Jahren einen griechischen Studenten kennengelernt und später geheiratet. Sie haben eine erwachsene Tochter.